ARQUITECTURA CON LA GENTE, POR LA GENTE, PARA LA GENTE

ARCHITECTURE WITH THE PEOPLE, BY THE PEOPLE, FOR THE PEOPLE

YONA FRIEDMAN

MUSAC — ACTAR

ÍNDICE

INDEX

El presente libro conforma el segundo volumen de la Colección Arte y Arquitectura AA MUSAC. Dicha colección se ha planteado como un espacio para la reflexión sobre artistas y arquitectos que han tenido una visión crítica del mundo contemporáneo y la han plasmado en sus obras. En esta ocasión presentamos un trabajo monográfico dedicado al destacado arquitecto húngaro Yona Friedman.

La vasta obra tanto teórica como constructiva de Friedman que podría tildarse de utópica en ocasiones, no es sino la expresión de un pensamiento pragmático y socialmente comprometido. El interés de este libro, realizado en estrecha colaboración con el arquitecto, es doble, por un lado, el libro incluye los textos realizados ex profeso por diferentes autores y por otro, la publicación de algunos textos inéditos del propio Friedman.

Esta colección representa el compromiso de la Junta de Castilla y León con el arte actual, estimulando de esta manera el campo de investigación experimental y abriendo una ventana a la pluralidad cultural. Esperamos que en ese sentido este libro sirva para enriquecer y ampliar el debate sobre la importancia del urbanismo en el siglo XXI.

— MARÍA JOSÉ SALGUEIRO CORTIÑAS
Consejera de Cultura y Turismo de la Junta de Castilla y León

This book is the second volume in the Collection Art and Architecture AA MUSAC, which has been conceived as a vehicle for reflection on artists and architects who have had a critical view of the contemporary world and have captured this in their work. On this occasion we present a monograph about the outstanding Hungarian architect Yona Friedman.

Friedman's extensive theoretical and constructed work, some of which could be considered utopian, is in reality the expression of a pragmatic and socially committed mentality. The interest of this book, produced in close collaboration with the architect, is twofold. On the one hand, it involves publishing texts written specially by different authors and, on the other hand, it includes some of Friedman's unpublished texts.

This collection represents the Government of Castilla y León's commitment to contemporary art, by thus stimulating the field of experimental research and opening a window onto cultural plurality. We therefore hope that this book will serve to enrich and broaden the scope of the debate on the importance of urban planning in the 21st century.

— MARÍA JOSÉ SALGUEIRO CORTIÑAS
Councillor for Culture and Tourism of the Junta de Castilla y León

YONA FRIEDMAN
MÁS ALLÁ DE UN ARQUITECTO

La extensa y diversa obra de Yona Friedman está compuesta tanto de formas arquitectónicas -a pesar de que muchos proyectos nunca fueron construídos-, como de modelos urbanísticos, textos teóricos e incluso de películas de animación. Su trabajo de investigación que podríamos describir como inclasificable y heterogéneo le ha hecho merecedor del respeto tanto dentro del ámbito de la arquitectura, como del arte, pero incluso de otras disciplinas incluidas en las ciencias sociales, ya que su manera de abordar la arquitectura ha transcendido los límites de la forma, poniendo en evidencia la necesidad de una vertebración social del espacio y sus condiciones.

En 1956 Friedman publicó el manifiesto *L'Architure mobile* (La arquitectura móvil), el cual fue un texto fundamental para el *Groupe d'étude d'architecture mobile* (GEAM), y se convirtió, así como muchos de los conceptos generados por el grupo, en una verdadera fuente de inspiración y sustento para toda una serie de teóricos, artistas y arquitectos, al igual que las teorías nacidas a partir de 1965 del *Groupe international d'architecture prospective* (GIAP). El legado de todo este material teórico de un carácter tan visionario le ha hecho merecedor de un -lamentablemente tardío- reconocimiento.

Todo el acervo teórico y reflexivo se encuentra en los textos que desde sus comienzos Friedman redactó, y es para el MUSAC una gran suerte poder compilar aquí varios de sus escritos, muchos de ellos inéditos hasta ahora, lo cual enriquece enormemente la Colección Arte y Arquitectura AA MUSAC que pone hoy al servicio de investigadores e interesados en el tema, un material muy valioso.

Por esa razón resultan de gran interés las aportaciones de Hans Ulrich Obrist, Manuel Orazi y Kenneth Frampton, pues sus textos sobre la obra o el intercambio de experiencias con Yona Friedman, enriquecen y amplían el campo de análisis de las investigaciones. Asimismo, resulta encomiable la labor de María Inés Rodríguez en la recopilación y edición de este trabajo monográfico, que contribuye a la lectura y al análisis de la obra de Friedman, cuya trayectoria ha sido clave para el arte, la arquitectura, el pensamiento y las relaciones de éstas con la sociedad.

— AGUSTÍN PÉREZ RUBIO
Director del MUSAC

YONA FRIEDMAN
MORE THAN
AN ARCHITECT

Yona Friedman's vast and diverse body of work comprises architectural forms, such as urban design models (although many of the projects have never been built), theoretical texts and even animated films. His research work, which we might describe as unclassifiable and heterogeneous, has made him worthy of respect not only within the field of architecture, as well as that of art, but also in other disciplines, including social sciences, because his manner of approaching architecture has transcended the limits of form, demonstrating the need for a social structuring of space and its conditions.

In 1956 Friedman published the manifesto *L'Architecture mobile* (Mobile Architecture), which was a seminal text for the *Groupe d'étude d'architecture mobile* (GEAM). Like many of the concepts generated by the group, it became a true source of inspiration and sustenance for a whole series of theorists, artists and architects, as did the theories of the *Groupe international d'architecture prospective* (GIAP), which was created in 1965. The legacy of all this visionary theoretical material has earned him – regrettably late – recognition.

All this theoretical and intellectual heritage is found in the texts that Friedman has written over the course of his entire career, and the MUSAC is very fortunate to be able to compile here many of his writings, several of which have never been published before. This greatly enriches the Collection Art and Architecture AA MUSAC, and now provides researchers and anyone else interested in the subject with very valuable material.

For this reason the contributions of Hans Ulrich Obrist, Manuel Orazi and Kenneth Frampton are enormously significant, as their texts about Yona Friedman's work or experiences shared with him enhance and broaden the field of investigative analysis. Similarly, María Inés Rodríguez has carried out a commendable endeavour in compiling and editing this monograph, which facilitates the understanding and analysis of Friedman's oeuvre, whose contributions have been key for art, architecture and thought and their relationship with society.

— AGUSTÍN PÉREZ RUBIO
MUSAC's Director

ARQUITECTO CIUDADANO

Arquitecto / a: (Del lat. architectus, y este del gr. ἀρχιτέκτων).

1. m. y f. Persona que profesa o ejerce la arquitectura.

Ciudadano / na.

1. adj. Natural o vecino de una ciudad. U. t. c. s.
2. adj. Perteneciente o relativo a la ciudad o a los ciudadanos.
3. m. Habitante de las ciudades antiguas o de Estados modernos como sujeto de derechos políticos y que interviene, ejercitándolos, en el gobierno del país.
4. m. hombre bueno.
5. m. Aquel que en el pueblo de su domicilio tenía un estado medio entre el caballero y el trabajador manual.[1]

Abordar el trabajo de Yona Friedman implica, en primera instancia, comprender que éste no se limita exclusivamente al campo de la arquitectura, y que cuando de ella se trata, es para ir mas allá del oficio de diseñar y construir. La arquitectura vista como la posibilidad de construir de forma articulada, de producir sus propias reglas en función de las necesidades, como bien lo explica en *L'ordre compliqué*.[2] Sus ideas, a lo largo de más de sesenta años de trayectoria, se extienden generosamente al arte, al cine, a la pedagogía o a la escritura, sin dejar de lado la resonancia política que conllevan. Ya sea a nivel teórico o bajo la forma de proyectos, las propuestas que nos presenta, a través de estas páginas, están dirigidas al análisis de la estructura y funcionamiento de la sociedad, sus acciones, su equilibrio, su desarrollo. En otras palabras, nos sitúa en el campo de lo político interpelándonos acerca de nuestra posición como ciudadanos pertenecientes a un contexto y hacedores de nuestro presente y nuestro futuro.

Sus ideas renovadoras y visionarias, interesaron a varias generaciones de arquitectos y urbanistas, influyendo en grupos como Archigram o arquitectos como Kenzo Tange, quien así lo manifestó públicamente en Osaka en 1970, y continúan generando nuevas perspectivas e inquietes en las generaciones actuales. Basta con leer el prefacio de la primera edición de *Utopies réalisables*,[3] para comprobar su compromiso político, la lucidez de su análisis y la contemporaneidad de su pensamiento. En efecto, en 1975, Friedman deja claro que su estudio de las utopías sociales, es un acto crítico y acusatorio contra el Estado y los medios de comunicación, pero lejos de pretender quedarse en la queja de una insatisfacción colectiva, propone que este texto sea portador de una invitación a la resistencia, una respuesta a esa insatisfacción.

1. *Diccionario de la Real Academia de la Lengua Española*, 22ª edición, España.
2. Friedman, Yona, *L'ordre compliqué et autres fragments* [El orden complicado y otros fragmentos], Éditions de l'éclat, 2008.
3. Friedman, Yona, *Utopies réalisables*, Union générale d'éditions, París, 1975 (segunda edición ampliada publicada por Éditions de l'éclat, París, 2000; versión castellana: *Utopías realizables*, Editorial Gustavo Gili, Barcelona, 1977).

MARÍA INÉS RODRÍGUEZ

ARCHITECT
CITIZEN

Architect (From L architectus, and its source Gk ἀρχιτέκτων).
1. A person who professes or practices architecture.

Citizen
1. adj. A native or resident of a city.
2. adj. Belonging or relative to the city or citizens.
3. An inhabitant of ancient cities or modern States as subject of political rights and who intervenes, exercising them, in the government of the country.
4. A good man.
5. He who, in the town of residence, held a status between gentleman and manual labourer.[1]

An approach to Yona Friedman's work entails, first and foremost, an understanding that he does not confine himself exclusively to the field of architecture, and when his work does involve architecture, it is to go beyond the occupation of designing and building. He views architecture as the possibility of building in an articulated way, of producing his own rules as dictated by need, which he explains well in *L'ordre compliqué*.[2] His ideas, throughout a career spanning more than sixty years, have extended generously into art, film, pedagogy and writing, and their political impact should not be overlooked. Whether on the theoretical level or in the form of projects, the proposals he presents us on these pages concern the analysis of the structure and functioning of society, its actions, its balance and its development. In other words, they situate us in the realm of politics and raise questions about our stance as citizens belonging to a context and creating our present and our future.

His renovating and visionary ideas interested several generations of architects and urban planners, influencing groups such as Archigram and architects such as Kenzo Tange, who stated this publicly in Osaka in 1970, and they continue to generate new perspectives and concerns in current generations. It suffices to read the preface to the first edition of *Utopies réalisables*[3] to appreciate the extent of his political commitment, the lucidity of his analysis and the modernity of his thought. Indeed, in 1975 Friedman makes it clear that his study of social utopias is a critical act against the State and the media, yet far from limiting himself to protest that arises from collective dissatisfaction, he proposes that this text be the bearer of an invitation to activism, a call for a response to that dissatisfaction.

1. T.N. These are translations of the Spanish definitions of "architect" and "citizen" in the *Diccionario de la Real Academia de la Lengua Española*, 22nd edition, Spain.
2. Friedman, Yona, *L'ordre compliqué et autres fragments* (The Complicated Order and Other Fragments), Éditions de l'éclat, 2008.
3. Friedman, Yona, *Utopies réalisables*, Union générale d'éditions, Paris, 1975. (second extended edition published by Éditions de l'éclat, Paris, 2000).

Yona Friedman ha trabajado también en el desarrollo de conceptos urbanos como la *Ville Spatiale* [4], que propone la libre organización de la ciudad por parte de sus ciudadanos gracias a modelos móviles y reutilizables de bajo coste. Como el mismo Friedman afirma, su propuesta consiste en "ver el mundo no sólo como una entidad descriptible por los métodos de la estadística sino como un mundo compuesto de entidades individuales que he llamado gránulos de espacio. Entidades con un comportamiento imprevisible", a partir del cual es posible dar vida a una arquitectura móvil y a una sociedad emancipada.

Uno de sus últimos proyectos hace énfasis en la importancia de concretar la *Métropole Europe* (Europa Metrópolis), la "no-ciudad más grande del mundo". Como ya lo ha expresado en varios de sus manifiestos, existen las bases para la definición de esta metrópolis europea constituída por una red de grandes ciudades comunicadas entre sí por sistemas de trenes rápidos. Esta red de ciudades, gracias a la infraestructura férrea y a tarifas adecuadas, posibilitaría una circulación más fluída de los ciudadanos, se reestructuraría el tejido social y se plantearían nuevas estrategias en el mercado del trabajo y la vida cultural. Las consecuencias pueden ser complejas e interesantes ya que permitirían abordar desde otro punto de vista las problemáticas económicas, sociales, culturales, políticas y administrativas que las recientes crisis económicas han hecho visibles. La crisis económica de 2008 puso en evidencia la existencia de dos Europas que funcionan a velocidades diferentes; los economistas británicos han incluso bautizado a los países del sur con el despectivo apelativo de P.I.G.S.[5] para significar aún más la distancia que los separa. Como bien lo indica Yona Friedman, bastaría solamente una decisión política a nivel europeo para que se ponga en práctica o para que por lo menos, se inicie una reflexión al respecto.

Este libro generó la creación de una comunidad temporal de trabajo alrededor de Yona Friedman, su dedicación y paciencia, permitieron que todos y cada uno de nosotros aprendiera, tanto de él como de los otros, y compartiera sus conocimientos. Probablemente nos acercamos en muchos aspectos a su concepto de "grupo crítico": "el conjunto máximo de elementos (hombres, objetos y relaciones) que garantizan que pueda ser posible el buen funcionamiento de una organización con una estructura definida".[6]

Así pues, esta monografía es a la vez un homenaje a uno de los teóricos más influyentes y dinámicos de nuestro tiempo y una prolongación de nuestra reflexión acerca de la arquitectura y su rol en la construcción de la ciudad contemporánea.

— MARÍA INÉS RODRÍGUEZ
Conservadora Jefe del MUSAC

---

4. Ciudad Espacial en español. N.d.T.
    Los conceptos desarrollados por Yona Friedman aparecerán en los textos en la lengua de origen. N.d.E.
5. Portugal, Italia, Grecia y España.
6. Friedman, Yona, *Utopies réalisables*, op. cit., p. 59.

Yona Friedman has also worked on the development of urban concepts such as the *Ville Spatiale*[4], which proposes the free organization of the city on the part of its citizens via low-cost reusable mobile modules. As Friedman himself asserts, his proposal consists in "seeing the world not only as an entity describable by statistical methods but as a world comprising individual entities that I call grains of space. Entities with an unforeseeable behaviour", through which it is possible to render mobile architecture and an emancipated society.

One of his latest projects emphasizes the importance of realizing the *Métropole Europe* (Metropolis Europe), the "biggest non-city in the world". As he has expressed in several of his manifestos, the bases exist for the establishment of this European metropolis constituted by a network of large cities connected to each other by systems of fast trains. This network of cities, based on the rail infrastructure and appropriate fares, would enable a more fluid mobility of citizens, the social fabric would be restructured and new strategies would be considered in the labour market and cultural life. The consequences may be complex and interesting since they would permit approaching from another point of view the economic, social, cultural, political and administrative problems that the recent economic crisis have made apparent. The economic crisis of 2008 brought to light the existence of two Europes that operate at different speeds; British economists have even begun to use the derogatory term P.I.G.S.[5] for the southern countries to accentuate even more the distance that separates them. As Yona Friedman points out, for this to be put into practice, or at least for a consideration of it to begin, all that is necessary is a political decision in the European sphere.

This book led to the creation of a temporary community working around Yona Friedman. His dedication and patience allowed each and every one of us to learn, both from him and from one another, and to share his knowledge. In many aspects we embodied his concept of a "critical group": "the maximum set of elements (men, objects and relations) that guarantee the possibility of running an organization well with a defined structure".[6]

Therefore, this monograph is both a tribute to one of the most influential and dynamic theorists of our time and a prolongation of our reflection on architecture and its role in the construction of the contemporary city.

— MARÍA INÉS RODRÍGUEZ
MUSAC's Chief Curator

---

4. T.N. Spatial City
    E.N. The concepts developed by Yona Friedman will appear in the texts in the original language.
5. Portugal, Italy, Greece and Spain.
6. Friedman, Yona, *Utopies réalisables*, op. cit., p. 59.

Detalle de la casa de Yona Friedman, 2011

Detail of Yona Friedman's home, 2011

ARQUITECTURA CON LA GENTE, POR LA GENTE, PARA LA GENTE

Escogí este título porque parafrasea la definición de democracia de
Lincoln, una definición que es justa, pero que muy rara vez se implementa.
Si tuviera que dar un calificativo a mi acercamiento a la arquitectura,
sería "democrático", en el sentido de la interpretación de Lincoln.
La arquitectura tiene que concebirse con la gente, y ser materializada,
en la medida de lo posible, por la gente. El término "para la gente"
es evidente. Esto no significa que el arquitecto no tenga ningún papel en el
proceso: puede aportar ideas, técnicas, estéticas nuevas, que tendrán que
ser validadas con la gente, por la gente, para la gente únicamente.
Por cierto, los arquitectos también son gente... pertenecen a la gente.

— YONA FRIEDMAN

ARCHITECTURE WITH THE PEOPLE, BY THE PEOPLE, FOR THE PEOPLE

I chose this title as it paraphrases Lincoln's definition of
democracy, a definition that is just but seldom implemented. If I had
to qualify my approach to architecture, I see it as "democratic" in
the sense of Lincoln's interpretation. Architecture has to be conceived
with the people, materialised as much as possible by the people.
The term "for the people" is evident. This does not mean
that the architect has no role in the process: he can provide ideas,
techniques, new aesthetics – which will get validated
only with the people, by the people, for the people.
By the way, architects are also people… belong to the people.

— YONA FRIEDMAN

BUDAPEST
PREFACIO

La tesis principal que defiendo en arquitectura, es que el personaje central no es el arquitecto sino el usuario del edificio, el habitante.

Este habitante no es el "hombre promedio", una entidad imaginaria de los estadistas, sino una persona física, un individuo que es diferente a todos los otros. Además, hoy, él es diferente de aquel que fue ayer y del que será mañana.

Por lo tanto, tiene su propia percepción del espacio del que dispone para habitar: debe poder organizarlo en un momento dado y poder reorganizarlo de otra forma mañana.

Para hacerle posible esta adaptación continua de su hábitat, es necesario escoger las técnicas apropiadas. Estas técnicas son banales para una categoría de elementos del hábitat como los "muebles", que él puede empujar, de un lugar a otro, sin ninguna asistencia técnica. Pero, en cuanto a los otros elementos del hábitat, los muros, suelos, puertas, ventanas, éstos no pueden ser cambiados sin intervenciones costosas y complicadas.

Este es el reto de la nueva arquitectura: ¿cómo hacer que todos estos componentes puedan hacerse "móviles" a la manera de los muebles?

Este reto puede tener varias consecuencias, aparte de las microsociológicas. Una arquitectura así introduciría también el cambio constante de la ciudad, la posibilidad de reorganizar continuamente y sin demoliciones el plan de urbanismo de un barrio. La movilidad del plano urbano debería ser, en la medida de lo posible, como la de los muebles.

Esto es importante porque inclusive el concepto fundamental de la ciudad se está transformando. Las nuevas técnicas y la nueva mentalidad no imponen ya la "proximidad", es decir, la condensación urbana. La megalópolis puede ser reemplazada por una "red de ciudades", facilitando el desplazamiento del público al mismo tiempo que se reduce la necesidad.

La nueva arquitectura y el nuevo concepto de la ciudad también cambiarán necesariamente el aspecto estético del hábitat humano. Un nuevo arte de "esculpir el espacio" puede emerger.

Muchos jóvenes arquitectos perciben esta problemática. Es premonitorio juzgar sus proyectos y es importante llevarlos a la atención del público.

Todo proyecto es un indicador del porvenir.

BUDAPEST PREFACE

The main thesis that I champion in architecture is that the central figure is not the architect but the user of the building, the inhabitant.

This inhabitant is not the "average man" —that imaginary entity dreamed up by statisticians— but a physical person, an individual who is different from everyone else. What is more, he is different today from who he was yesterday or will be tomorrow.

And so he has his own perception of the living space available to him: he must be able to arrange it as the moment dictates and be able to rearrange it again differently tomorrow.

To make this continuous adaptation of his habitat possible, it is necessary to choose appropriate techniques. These techniques are banal as regards one category of elements in the dwelling: the "furniture" that he can push from one position to another without any technical assistance. But, as for the other elements of the dwelling, the walls, floors, doors and windows, they cannot be changed without costly and complicated interventions.

This is the challenge for a new architecture: how can all these components be made "mobile", like furniture?

This challenge can have a number of consequences, apart from micro-sociological ones. Such architecture would also introduce the "changeability" of the city, the possibility of continually rearranging the urban plan of the quarter without recourse to demolition. The mobility of the urban plan should, as far as possible, be that like that of furniture.

This is important, for even the fundamental concept of the city is being transformed. New technologies and the new mentality no longer make "proximity", urban condensation, a necessity. The megacity can be replaced by a "network of cities", facilitating public movement while reducing the necessity for it.

The new architecture and the new concept of the city will necessarily change the aesthetic appearance of the human habitat too. A new art of "sculpting space" may emerge from this.

A lot of young architects are aware of these questions. It is premonitory to judge their projects and it is important to bring them to the attention of the public.

Every project is an indication of the future.

MÉTROPOLE EUROPE

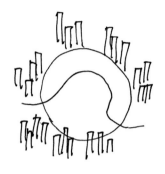

LE "GRAND PARIS"
C'EST UNE ERREUR

C'EST PAS L'ARCHITECTURE
QUI FAIT UNE MÉTROPOLE

ET UNE "CEINTURE VERTE"
NE SUFFIT PAS POUR RENDRE
LA VILLE ÉCOLOGIQUE

AVEC LE TGV
PARIS EST BANLIEUE DE LONDRES
BRUXELLES BANLIEUE DE PARIS
LYON ET LONDRES BANLIEUE DE PARIS

LA RÉALITÉ C'EST UNE "MÉTROPOLE EUROPE"
QUI EST EN TRAIN D'ÉMERGER :
UN GROUPE DE GRANDES VILLES,
UNE MÉTROPOLE DE 40 MILLION D'HABITANTS
QUI CONTIENT SERVICES, INDUSTRIE
ET AGRICULTURE

(IL MANQUENT ENCORE
QUELQUES LIAISONS)

Métropole Europe, 2009

YONA FRIEDMAN

MÉTROPOLE EUROPE

L'INFRASTRUCTURE DE "MÉTROPOLE EUROPE" EST DÉJÀ À PEU PRÈS COMPLÈTE

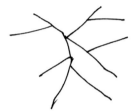

IL MANQUE ENCORE UNE POLITIQUE :

UNE "CARTE ORANGE" TGV BON MARCHÉ (SUBVENTIONNÉ)

UNE HORAIRE DE TRAINS "À GRANDE FRÉQUENCE"

UNE CONSULTATION CONTINUE ENTRE LES MAIRES

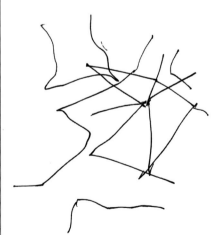

UNE "MÉTROPOLE EUROPE"

1. POURRAIT AIDER POUR RÉDUIRE LE CHÔMAGE
2. POURRAIT RÉDUIRE LA SPÉCULATION
3. POURRAIT PROMOUVOIR UNE DÉMOCRATIE PLURIELLE
4. ET MÊME DIMINUER LA CRISE

RECOMMENDATION :
LE SUJET VAUT D'Y RÉFLÉCHIR !

Métropole Europe, 2009

A.   *Métropole Europe*[1], tema de esta nota, es la "no-ciudad" más grande del mundo, un conjunto de grandes ciudades existentes, con una población total de más o menos 40 millones.

Expliquemos el concepto. Cuando se habla del "Gran París" o del "Gran Londres", por ejemplo, se hace referencia a la ciudad y sus suburbios, que se unen a ella por medio de una red [de trenes] exprés. En el caso de París, el suburbio más lejano al centro de la ciudad está a 2 horas de distancia (Persan-Beaumont, por citar uno).

Si definimos los suburbios como el cinturón de comunas a dos horas del centro, sería necesario preguntarse hoy: ¿es Londres un suburbio de París o al contrario? ¿Es París un suburbio de Bruselas, de Lille o de Colonia?

De hecho, estas grandes ciudades son suburbios la una de la otra, con el tren de alta velocidad, a 250-300 km por hora, como su "metro".

Métropole Europe no es un proyecto utópico, de hecho ya existe y su infraestructura es el tren de alta velocidad. No es una "megalópolis" sino una red de grandes ciudades independientes que ya existen.

B.   Pero, a pesar de que existe físicamente, *Métropole Europe* no es una realidad. Lo que hace falta aún, es una decisión política.

Examinemos la situación. Un metro urbano tiene dos características importantes:

1. Los precios de los billetes tienen que ser moderados.
2. La frecuencia de los trenes debe ser elevada.

Para que la *Métropole Europe* exista, debería inventarse una "carte orange[2] europea"con un precio asequible. Esto implicaría una subvención gubernamental. En cuanto a la frecuencia posible de los trenes, digamos que fuera cada diez minutos (es el caso de Japón con el Shinkansen, por ejemplo). Esta frecuencia y un número mayor de viajeros, podrían reducir también el costo de los viajes.

Esta subvención del tren de alta velocidad sería la decisión política que hace falta.

---

1. Europa Metrópolis en español. N.d.T.
2. La *Carte Orange* es la tarjeta de tarifa plana para el transporte público de París. N.d.T.

A. *Métropole Europe*[1], the subject of this note, is the biggest "non-city" in the world, an ensemble of existing big cities with a total population of some 40 million.

Let me explain the concept. When we talk about "le Grand Paris" or "Greater London", for example, what is meant is the city and its suburbs, linked to the city by an express network. In the case of Paris, the suburb most distant from the city centre is two hours away (Persan-Beaumont, just to mention one).

If we define the suburbs as a ring of towns at a distance of two hours from the centre, the question then arises: is London a suburb of Paris, or vice versa? Is Paris a suburb of Brussels, or of Lille, or of Cologne?

For these big cities are mutually each other's suburb, with the TGV[2] serving as the "subway" and running at 250-300 km per hour.

Métropole Europe is not a utopian project: it exists, its infrastructure is the TGV. It is not a "megacity" but a network of big independent cities, of big cities that already exist.

B. But, in spite of the fact that it exists physically, *Métropole Europe* is not yet a reality. What is lacking is a political decision.

Let us consider the situation. An urban subway has two important characteristics:

1. The price of travel must be moderate.
2. The frequency of trains must be high.

For *Métropole Europe* to exist, an affordable "European *carte orange*[3]" needs to be invented. This would imply government subsidy. As for the possible frequency of trains, let's say: every ten minutes (which is the case in Japan, for example, with the Shinkansen). This frequency, and the increased number of travellers, could also reduce the cost of travel.

This subsidy for the TGV would be the political decision that is lacking.

---

1. T.N. Metropolis Europe.
2. T.N. High speed train.
3. T.N. Parisian travel card.

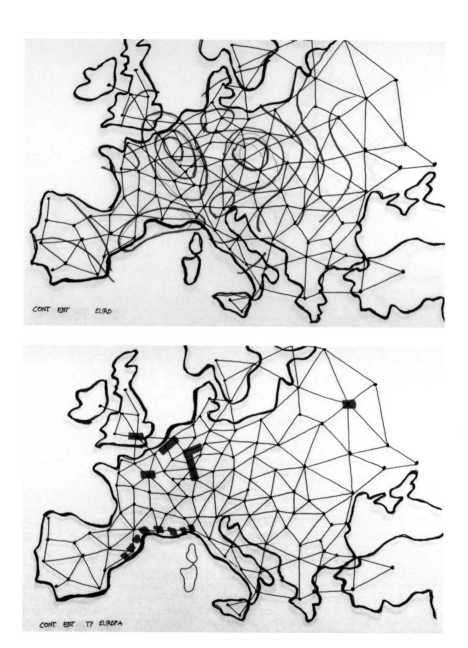

**Europa, Ciudad-continente
(extensión del proyecto *Métropole Europe*,
una idea publicada por primera vez en 1960), 1994**

**Continent-City Europe
(an extension of the project *Métropole Europe*,
an idea first published in 1960), 1994**

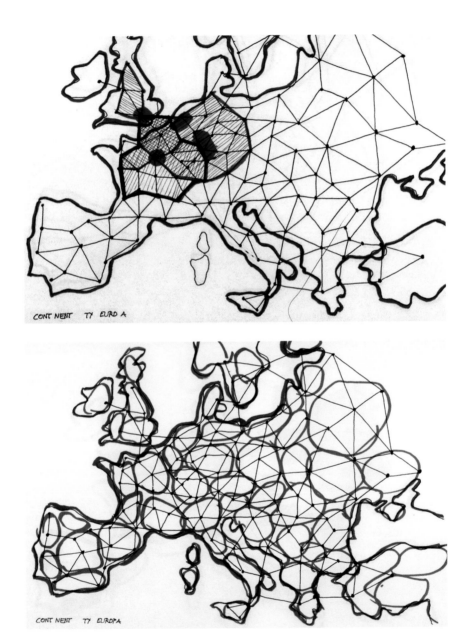

CONT NENT TY EURO A

CONT NENT TY EUROPA

**Europa, Ciudad-continente
(extensión del proyecto *Métropole Europe*,
una idea publicada por primera vez en 1960), 1994**

Continent-City Europe
(an extension of the project *Métropole Europe*,
an idea first published in 1960), 1994

C.   ¿Cuáles serán las ventajas de *Métropole Europe*?

Primero, socioeconómicas: reestructuración del mercado laboral, estimulación del comercio y del consumo, entre otras.

Reestructuración del mercado laboral: el "trabajo virtual" hoy puede realizarse, en gran parte, a domicilio, con reuniones cara-a-cara esporádicas, digamos, una vez por semana. Este trabajo virtual, que representa una mayoría del empleo posible, no exige al trabajador que vaya a la sede de su empleador, es decir, que se traslade. No implica, por ejemplo, más de 4 a 10 desplazamientos por mes.

Así pues, un empleado en París puede trabajar para un empleador en Londres, Bruselas, etc. En una escala pequeña, una situación semejante existe ya en Benelux o en Suiza.

Desde hace mucho tiempo la misma lógica es válida para el comercio. El público no se abastece necesariamente en su vecindario: la mayor parte de las "grandes superficies", por ejemplo, están ubicadas en la periferia.

En cuanto a la vida cultural, hace mucho que ésta ha dejado atrás los barrios. Los deportes, espectáculos, etc., ocurren ya en *Métropole Europe*.

D.   Esta propuesta de *Métropole Europe* no es ni un plan ni un proyecto; es una invitación a la reflexión. Reflexión significa debate, nacimiento de nuevas ideas. En los ámbitos más diversos: economía, educación, arquitectura, industria, servicios y administración. Las posibles consecuencias son previsiblemente complejas.

Gracias por haber leído estas reflexiones. Es vuestro turno de reflexionar.

En nombre de un comité de reflexión
(aún por formar).

P.D.

El autor de este artículo tiene 87 años y, por lo tanto está -dada la brevedad de su esperanza de vida-, desprovisto de ambiciones personales. Pero -así decían los ancianos- el papel de los viejos es el de reflexionar y hablar. El papel del los jóvenes es más realista: deberán formar su porvenir.

C.   What would be the advantages of *Métropole Europe*?

First, the socio-economic ones: the restructuring of the job market, the stimulation of trade and consumption, among other things.

The restructuring of the job market: today, "virtual work" can, to a large extent, be done at home, with face-to-face meetings, say, once a week. This virtual work, which represents a possible majority of employment, does not require the worker to follow his employer's premises, and therefore to move. It implies, say, only four to ten journeys a month.

Thus an employee in Paris can work for an employer in London, Brussels, etc. On a smaller scale, a similar situation already exists in Benelux and in Switzerland.

The same reasoning applies to trade, and has for some time already. The public does not necessarily seek provisions locally: most hypermarkets, for example, are located out of town.

As for cultural life, it moved beyond "neighbourhoods" a long time ago. Sport and shows are already in *Métropole Europe*.

D.   This proposition for a *Métropole Europe* is not a plan or a project. It is an invitation to reflection. And reflection means debate, the emergence of new ideas. In the most diverse fields: economy, education, architecture, industry, services and administration. The possible consequences are predictably complex.

Thank you for reading these thoughts. Now it is up to you to give the matter thought.

In the name of a study group
(still to be formed).

P.S.

The author of this paper is 87 and, because of the brevity of his life expectations, free of personal ambition. But, as the ancients said, the role of the elderly is to think and talk. The role of the young is more realistic: they will have to forge their future.

LOS PUENTES DE SHANGHÁI

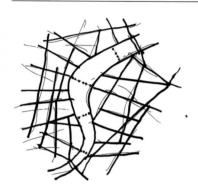

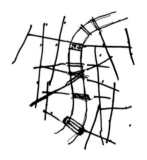

SHANGHAI, LA PLUS GRANDE VILLE DE LA CHINE, S'ÉTEND SUR LES DEUX RIVES DU FLEUVE HUANG-PU
LES DEUX RIVES SONT RELIÉES PAR DES TUNNELS ET DES PONTS RÉSERVÉS A LA CIRCULATION VÉHICULAIRE.
ON NE PEUT PAS TRAVERSER LE FLEUVE À PIED

EN 2002 J'AI PROPOSÉ UNE "VILLE PONT AU DESSUS DU FLEUVE.
EN 2007 J'AI RETRAVAILLÉE CETTE PROPOSITION.
LA "VILLE PONT" EST L'EXTENSION D'UNE RUE SUR LA PASSERELLE, AVEC DES CAFÉS, DES MAGASINS, DES JARDINS, DE L'ESPACE À LOUER.
LA "VILLE PONT" EST UNE "GRATTE-CIEL HORIZONTALE"

LE PROJET QUE JE PRÉSENTE CONTIENT 7 MODÈLES DE VILLE-PONTS
CES MODÈLES FERONT LE SUJET, EN 2010 (ANNÉE DE L'EXPOSITION MONDIALE À SHANGHAI) D'UN CONCOURS RÉSERVÉ À DES GROUPES DE JEUNES ARCHITECTES CHINOIS.
DEUX OU TROIS PONTS SERONT CONSTRUITS.

SHANGHÁI, LA CIUDAD MÁS GRANDE DE CHINA, SE EXTIENDE SOBRE LAS DOS ORILLAS DEL RÍO HUANGPU.
LAS DOS ORILLAS ESTÁN UNIDAS POR TÚNELES Y PUENTES RESERVADOS A LA CIRCULACIÓN VEHICULAR.
NO SE PUEDE ATRAVESAR EL RÍO A PIE.

EN 2002 PROPUSE UNA "CIUDAD-PUENTE" ENCIMA DEL RÍO.
EN 2007 RETOMÉ ESA PROPUESTA.
LA "CIUDAD-PUENTE" ES LA EXTENSIÓN DE UNA CALLE SOBRE EL PUENTE CON CAFÉS, TIENDAS, JARDINES, ESPACIOS PARA ALQUILAR.
LA "CIUDAD-PUENTE" ES UN "RASCACIELOS HORIZONTAL".

EL PROYECTO QUE PRESENTO TIENE 7 MODELOS DE CIUDADES-PUENTE.
EN 2010 (AÑO DE LA EXPOSICIÓN MUNDIAL EN SHANGHÁI) ESTOS MODELOS FUERON EL TEMA DE UN CONCURSO RESERVADO A GRUPOS DE ARQUITECTOS JÓVENES CHINOS.
SE CONSTRUIRÁN DOS O TRES PUENTES.

SHANGHAI, THE BIGGEST CITY IN CHINA, SPREADS OVER THE TWO BANKS OF THE RIVER HUANGPU.
THE TWO BANKS ARE JOINED BY TUNNELS AND BRIDGES USED EXCLUSIVELY FOR VEHICLE TRAFFIC.
THE RIVER CANNOT BE CROSSED ON FOOT.

IN 2002 I PROPOSED A "BRIDGE-TOWN" OVER THE RIVER.
IN 2007 I REVISITED THIS PROPOSITION.
THE "BRIDGE-TOWN" IS THE EXTENSION OF A STREET ONTO A FOOTBRIDGE, WITH CAFÉS, SHOPS, GARDENS AND SPACE FOR RENTAL.
THE "BRIDGE-TOWN" IS A "HORIZONTAL SKYSCRAPER".

THE PROJECT I AM PRESENTING CONTAINS SEVEN MODELS OF BRIDGE-TOWNS.
IN 2010 (THE YEAR OF THE WORLD EXPO IN SHANGHAI), THESE MODELS WILL BE THE SUBJECT OF A COMPETITION BETWEEN GROUPS OF YOUNG CHINESE ARCHITECTS.
TWO OR THREE BRIDGES WILL BE BUILT.

BRIDGES OF SHANGHAI

LE STRUCTURE DE TOUS CES PONTS C'EST LA MÊME : UNE OSSATURE TRIDIMENSIONNELLE (SPACE-FRAME) MULTI-NIVEAUX (4 ÉTAGES) FORMANT LE TABLIER DES PONTS SUSPENDUS

LA ESTRUCTURA DE TODOS ESOS PUENTES ES LA MISMA: UN ARMAZÓN TRIDIMENSIONAL (*SPACE-FRAME*[1]) DE VARIOS NIVELES (4 PLANTAS) QUE FORMA EL PISO DE LOS PUENTES SUSPENDIDOS.

ALL THESE BRIDGES HAVE THE SAME STRUCTURE: A THREE-DIMENSIONAL FRAME (SPACE-FRAME) WITH MULTIPLE LEVELS (FOUR STOREYS) FORMING THE DECKS OF THE SUSPENSION BRIDGES.

LES VOLUMES UTILISÉS (COMMERCES, CAFÉS, LOISIR. BUREAUX, JARDINS ETC) SONT INSCRITS DANS LES VIDES ENTRE LES BARRES DE LA STRUCTURE

LOS VOLÚMENES UTILIZADOS (COMERCIOS, CAFÉS, LUGARES DE OCIO, OFICINAS, JARDINES, ETC.) ESTÁN INSCRITOS EN LOS VACÍOS QUE HAY ENTRE LAS BARRAS DE LA ESTRUCTURA.

THE SPACES (SHOPS, CAFÉS, LEISURE AMENITIES, OFFICES, GARDENS, ETC.) WILL BE FITTED INTO THE SPACES BETWEEN THE BARS OF THE STRUCTURE.

---

1. Estructura espacial, en inglés en el original. N.d.T.

LE PONT "PORTE DU FLEUVE" EST
UN "ÉCHAFFAUDAGE" DE PASSERELLES
SUS PENDUES SUR DES IMMEUBLES
TOURS

EL PUENTE "PUERTA DEL RÍO" ES
UN "ANDAMIO" DE PASARELAS
SUSPENDIDAS SOBRE LAS TORRES
DE INMUEBLES.

THE "RIVER GATEWAY" BRIDGE
IS A "SCAFFOLDING" OF
WALKWAYS SUSPENDED FROM
TOWER BLOCKS.

UN AUTRE PONT EST LA PROLONGATION
DE LA RUE COMMERÇANTE PRINCIPALE
AU DESSUS DU HUANG·PU

OTRO PUENTE ES LA PROLONGACIÓN,
POR ENCIMA DEL HUANGPU, DE LA
CALLE COMERCIAL PRINCIPAL.

ANOTHER BRIDGE IS THE EXTENSION
OF THE MAIN SHOPPING STREET
OVER THE HUANGPU.

UN "PONT PROMENADE" AVEC DES
SENTIERS À PLUSIEURS NIVEAUX
BORDÉS DE CAFÉS, PELOUSES, TERRASSES
PANORAMIQUES

UN "PUENTE-PASEO" CON
SENDEROS EN VARIOS NIVELES
BORDEADOS DE CAFÉS, CÉSPEDES,
TERRAZAS PANORÁMICAS.

A "PROMENADE-BRIDGE" WITH
PATHS ON SEVERAL LEVELS
LINED WITH CAFÉS, LAWNS AND
PANORAMIC TERRACES.

DES "PONTS BAZAR" SERVIRONT EN
MÊME TEMPS DE PASSERELLE ET
DE GRANDE SURFACE COMMERCIALE

"PUENTES-BAZAR" SERVIRÁN DE
PASARELA Y DE GRAN SUPERFICIE
COMERCIAL AL MISMO TIEMPO.

"BAZAAR-BRIDGES" WILL
SERVE AS BOTH WALKWAYS AND
LARGE-SCALE SHOPS.

UNE VILLE-PONT "ÉCLATÉ" C'EST
UN RÉSEAU MULTINIVEAU DE
PASSERELLES-RUES UN QUARTIER
DE LA VILLE AU DESSUS DU FLEUVE

UNA CIUDAD-PUENTE "FRAGMENTADA"
ES UNA RED DE MÚLTIPLES NIVELES
DE PASARELAS-CALLE; UN BARRIO
DE LA CIUDAD POR ENCIMA DEL RÍO.

A "FRAGMENTED" BRIDGE-TOWN
IS A MULTI-LEVEL NETWORK OF
WALKWAYS/STREETS, AN URBAN
NEIGHBOURHOOD OVER THE RIVER.

UN AUTRE PONT, "ELLYPTIQUE"
SEMBLE FLOTTER EN L'AIR

OTRO PUENTE "ELÍPTICO" PARECE
FLOTAR EN EL AIRE.

ANOTHER "ELLIPTICAL" BRIDGE
SEEMS TO FLOAT IN THE AIR.

*LE DERNIER MODÈLE
EST CELUI D'UN "PONT TRIBUNE"*

EL ÚLTIMO MODELO
ES EL DE UN "PUENTE-TRIBUNA".

THE LAST MODEL
IS THAT OF A "TRIBUNE-BRIDGE".

*EN EFFET, LE HUANG-PU EST UN SPECTACLE
OÙ, À PART DE LA CIRCULATION NAVALE,
IL PASSENT DES "BATEAUX-ÉCRANS" VIDÉO.*

UN TIME-SQUARE SUR L'EAU

EFECTIVAMENTE, EL HUANGPU ES UN
ESPECTÁCULO EN EL QUE, APARTE
DE LA CIRCULACIÓN NAVAL, PASAN
"BARCOS-PANTALLAS DE VÍDEO".
UN TIMES SQUARE SOBRE EL AGUA.

THE HUANGPU IS IN EFFECT A
SPECTACLE WHERE, IN ADDITION TO
THE NAVAL TRAFFIC, "VIDEO-SCREEN
BOATS" ALSO PASS BY.
A TIMES SQUARE ON THE WATER.

MEGAESTRUCTURAS

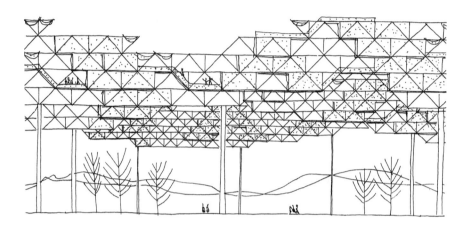

Estudio para la *Ville Spatiale*, 1958-1962

Study for the *Ville Spatiale*, 1958-1962

1. Sobre la estructura

Estructura no es un término exclusivamente arquitectónico. En matemáticas, "estructura" significa un conjunto generado por una "regla" y una "regla" funciona como una abreviación operacional para evitar la repetición de una instrucción. 5 multiplicado por 4 es una abreviación de 4 y 4 y 4 y 4 y 4, mientras que 4 significa 1 + 1 + 1 + 1, por ejemplo.

Para los arquitectos, "estructura" es el factor ingenieril de un edificio que determina la solidez de un objeto.

"Megaestructura" como término es una combinación de estos dos conceptos: una estructura física que garantiza que el edificio se mantenga en pie y que es producida utilizando una regla más o menos simple que no implica límites de tamaño.

1. About structure

Structure is not an exclusively architectural term. In mathematics, "structure" signifies a set generated by a "rule", and a "rule" serves as an operational abbreviation for avoiding the repetition of an instruction. 5 times 4 is an abbreviation for 4 and 4 and 4 and 4 and 4, whereas 4 stands for 1 + 1 + 1 + 1, for example.

For architects, "structure" is the engineering factor of a building, which determines the solidity of the object.

"Megastructure" as a term is a combination of these two concepts: a physical structure guaranteeing that the building stays up, which is produced by using a more or less simple rule that does not imply size limits.

2. Historia

Al final de la década de los cincuenta empecé, por primera vez, a publicar mis proyectos sobre la *Ville Spatiale*[1], basados en una geometría inspirada por Konrad Wachsmann, que llamé sistema "triédrico". Esta estructura admitía la inserción dentro de sus vacíos de volúmenes habitables de un tamaño que era habitual entonces.

2. History

In the late 1950s, for the first time, I started to publish my projects about the *Ville Spatiale*[1], based on a geometry inspired by Konrad Wachsmann, which I called the "trihedric" system. This structure permitted the insertion into its voids of inhabitable volumes of the size current in that epoch.

MEGASTRUCTURES

Finalmente, propuse, aún al final de los cincuenta, extender esa estructura al tamaño de una ciudad: toda la ciudad como una estructura continua. Ese concepto fue lo que me llevó al término de "megaestructura".

La idea de la *Ville Spatiale* era la de asegurar que sus habitantes tuvieran la libertad de dar forma a su hábitat individual y al trazado de la ciudad según su preferencia. El segundo elemento de esa idea era también la *Architecture mobile*[2], es decir, la posibilidad de remodelar periódicamente el hábitat individual y el trazado urbano sin imponer la demolición.

Este tipo de programa sólo fue posible al implementar una estructura continua, lo que llamé *infraestructure spatiale*[3].

Still in the late 50s, I proposed to extend that structure eventually to the size of a city: the whole city as one continuous structure. That concept was what led to the term "megastructure".

The idea of the *Ville Spatiale* was to assure for its inhabitants the freedom to shape both their individual habitat and the city layout, freely after their preferences. The second element of that idea was the *Architecture mobile*[2], the possibility to periodically remodel the individual habitat and urban layout, without imposing demolition.

This kind of programme was possible only by implementing a continuous structure, which I called *infrastructure spatiale*[3].

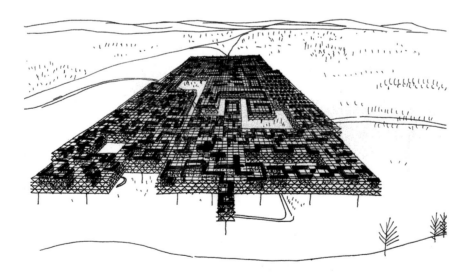

Vista de una *Ville Spatiale*, 1958-1962

View of a *Ville Spatiale*, 1958-1962

En los sesenta muchos arquitectos se inspiraron en la *Ville Spatiale*: la ciudad plug-in de Archigram, el proyecto de Tokyo de Kenzo Tange, entre otros.

In the 60s many architects were inspired by the *Ville Spatiale*: the Plug-In City of Archigram, the Tokyo project of KenzoTange, among others.

1. Ciudad Espacial, en francés en el original. N.d.T.
2. Arquitectura Móvil, en francés en el original. N.d.T.
3. Infraestructura espacial, en francés en el original. N.d.T.

1. T.N. Spatial City.
2. T.N. Mobile Architecture.
3. T.N. Spatial infrastructure.

Alguien se inventó después para esta aproximación el término "megaestructura".

La idea de la *Ville Spatiale* fue inspirada por los patrones sociales de la segunda mitad del siglo XX (empleo, etc.) y por la tecnología contemporánea de suministro (distribución de redes). Ambos factores sugirieron, en la condensación urbana intensiva de los años cincuenta a los ochenta, la "megalópolis".

Ahora estamos a principios del siglo XXI. Tanto los patrones sociales como tecnológicos han cambiado radicalmente: "proximidad" ya no es el imperativo absoluto de la vida urbana.

La comunicación no está ya vinculada a una red física: vuestro teléfono está en vuestro bolsillo. El trabajo a distancia es cada vez más común. Se puede comprar a través de Internet. Los mercados y fórums, *piazzas*, etc. ya no son los lugares de encuentro que solían ser: los teléfonos móviles e Internet los reemplazan. Reunirse cara a cara sigue siendo esencial, por supuesto, pero ya no involucra áreas centrales de encuentro.

El tamaño de las ciudades en el siglo XX fue determinado por el transporte público - el metro - y por el tiempo que tomaba llegar al centro de la ciudad desde los suburbios. En París, por ejemplo, este trayecto no supera las dos horas.

En el siglo XXI el nuevo elemento, además del declive de las funciones del centro de la ciudad, es que el límite de las dos horas se convirtió el del transporte entre ciudades. Desde París, por ejemplo, en dos horas se puede llegar a Londres, Bruselas, Estrasburgo, Lyon, Róterdam, etc.

3. *Métropole Europe*[4]: la nueva "megaestructura"

La ciudad que veo surgir no es una ciudad en el sentido antiguo sino más bien una "red de grandes ciudades existentes". La llamo *Métropole Europe*, tiene alrededor de 40 millones de habitantes y la red del tren de

---

4. Metrópolis Europa. N.d.T.

Later, for this approach, somebody invented the term "megastructure".

The idea of the *Ville Spatiale* was inspired by the social pattern of the second half of the 20th century (employment, etc.) and of the contemporary technology of supply (distribution networks). Both factors suggested, from the 50s to the 80s, intensive urban concentration: the "megalopolis".

Now we are at the beginning of the 21st century. Social and technological patterns have both changed radically: "proximity" is no longer the absolute imperative for urban living.

Communication is no longer linked to a physical network: your phone is in your pocket. Work at distance becomes more and more the praxis. Shopping can be done through Internet. Markets and forums, *piazzas*, etc, are no longer the meeting places they were: cellular phones and internet have replaced them. Face-to-face meeting stays essential, sure, but it no longer involves central meeting areas.

The size of cities, in the 20th century, was determined by public transport (the "metro") and by time it took to reach the city centre from the suburbs. In Paris, for example, this travel time does not exceed two hours.

The new element in the 21st century, besides the perishing of the functions of the city centre, is that the two-hour limit has become that of intercity transportation. From Paris, for example, in two hours you can reach London, Brussels, Strasbourg, Lyon, Rotterdam, etc.

3. *Métropole Europe*[4]: the new "megastructure"

The city I see emerging is not a city in the ancient sense but rather a "network of existing large cities". I call it *Métropole Europe*, it has about 40 million inhabitants, with the TGV network (already

---

4. T.N. Metropolis Europe.

alta velocidad (que ya existe) es su "metro". Está compuesta de suburbios: París, Londres, Bruselas, Lille, Lyon, Estrasburgo, Basilea, Ámsterdam, etc. Contiene amplias áreas de cultivo y puede ser, si es necesario, antártica. *Métropole Europe* no será el producto de la arquitectura (las ciudades que la constituyen ya han sido construidas), ni tampoco de los planes urbanos: el planificador será el político, con ayuda del economista. Su infraestructura física ya existe, lo que hará falta será una política de tarifas populares subsidiadas. Todos los metros implementan tarifas baratas, *Métropole Europe* debería hacer lo mismo. Una megaestructura, en el siglo XXI tiene una escala continental: una red rápida de transporte, una economía, una comunicación sin redes. Un contexto así, para espacios residenciales, no sometidos a una proximidad necesaria al centro, a los vecinos, podría llevar a un nuevo concepto de "vida en la naturaleza". La nueva "megaestructura" podría ser lo que llamo "naturaleza habitabilizada", cuya forma arquitectónica es todavía una pregunta abierta.

existent) as "underground". It consists of the suburbs: Paris, London, Brussels, Lille, Lyon, Strasbourg, Basel, Amsterdam, etc. It contains large farming areas and can be, if necessary, antarctic. *Métropole Europe* will not be the product of architects (the cities constituting it are already built) nor that of urban planners: the master conceptor will be the politician, helped by the economist. Its physical infrastructure exists already, what will be necessary is a subsidised popular fare policy. All "metros" implement cheap fares, *Métropole Europe* should do the same. Megastructure, in the 21st century, is continent-wide: a fast public transportation network, an economy, net-less communication. Such a context, for residential spaces not subjected to necessary proximity to the centre or to neighbours, could lead to a new concept of "living in nature". The new megastructure could be what I call "habitabilised nature", the architectural form of which is still an open question.

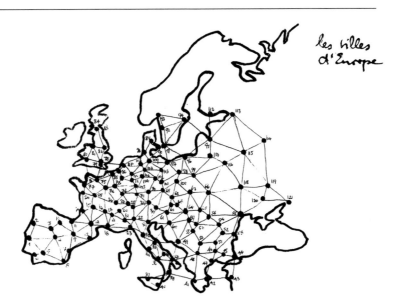

Europa, Ciudad-continente
(extensión del proyecto *Métropole Europe*,
una idea publicada por primera vez en 1960), 1994

Continent-City Europe
(an extension of the project *Métropole Europe*,
an idea first published in 1960), 1994

4. ¿Qué pueden las megaestructuras aportar a una nueva arquitectura?

Volveré ahora a la primera "megaestructura", la del tipo de la *Ville Spatiale*.

El esqueleto de estructura espacial, los vacíos que se han diseñado para ser habitables, es una idea eterna. Han sido las motivaciones y la forma en la que fueron implementadas lo que ha cambiado con el tiempo.

Creo que el primer cambio tiene que ver con el "tamaño". Inclusive las megaestructuras más grandes están por debajo del tamaño de la ciudad; son, en el mejor de los casos, edificios grandes, pero en la escala del barrio. Esto lo experimenté ya en 1960 con mi proyecto de *Paris Spatial* en el que la megaestructura fue reducida al viaducto de una autovía. Seguí el mismo patrón con la ciudad-puente sobre el Canal de La Mancha (1963) y, más recientemente con el *Ponte della Libertà* en Venecia (2008-2009).

La arquitectura hoy, se distancia del "funcionalismo" del siglo XX; se convierte en una suerte de "esteticismo", arquitectura-escultura, sin ninguna motivación social. Infelizmente, la escultura mediocre no necesariamente produce "buena" arquitectura.

4. What can megastructures bring to a new architecture?

I will come back now to the early megastructure, the *Ville Spatiale* type.

The space-frame skeleton, the voids of which are designed to be inhabitable, is a timeless idea. It is the motivations and implementation that have changed with time.

I think, the first change concerns size. Even the largest megastructures are far below city-size: they are, at best, large buildings, but below the neighbourhood scale. I experienced this already in 1960 with my *Paris Spatial* project, wherein the megastructure was reduced to a speed-road viaduct. I followed the same pattern for the Bridge-Town over the English Channel (1963) and, lately, with the *Ponte della Libertà*, in Venice (2008-2009).

Architecture, today, distances itself from 20th century "functionalism", it becomes rather a sort of "aestheticism", architecture-sculpture, without particular social motivation.

Unhappily, mediocre sculpture does not necessarily produce "good" architecture.

Arriba e izquierda:
Interiores de la *Ville Spatiale*, 1958-1962

Above and left page:
Interiors of the *Ville Spatiale*, 1958-1962

Pero viendo ese esteticismo en arquitectura, la megaestructura puede ser una alternativa para algunos edificios interesantes. Puede convertirse en la base de lo que los artistas llaman "instalaciones", dispositivos libres dentro de un espacio.

Instalaciones aleatorias, instalaciones de residencias individuales dentro de una estructura espacial, pueden convertirse en "excelente" arte. Las instalaciones transformables e interactivas están en la línea del arte contemporáneo.

Tal vez las "megaestructuras" lleven a un nuevo arte de la arquitectura, al lado de motivaciones sociales y culturales. O con ellas...

París, 5.6.10

But, looking at aestheticism in architecture, megastructures can be a way for interesting buildings. They can become the basis for what artists call "installations", free arrangements within a frame (space).

Random installations, installations of individual residences within a space-frame grid can become "great" art. Transformable installations, interactive installations are in the line of contemporary art.

Perhaps, megastructures lead to a new art of architecture, beside social and cultural motivations. Or together with them...

Paris, 5.6.10

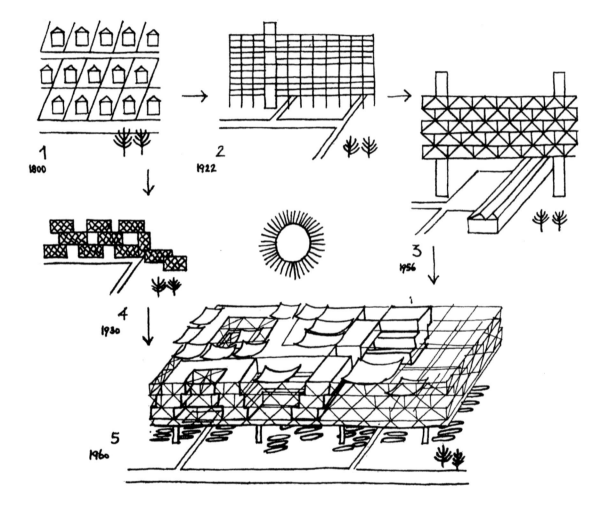

VILLE SPATIALE

Estudio para la _Ville Spatiale_, 1959

Study for the _Ville Spatiale_, 1959

Estudio para la _Ville Spatiale_, ca. 1960

Study for the _Ville Spatiale_, ca. 1960

Estudio para la *Ville Spatiale*, 1958-1962   Study for the *Ville Spatiale*, 1958-1962

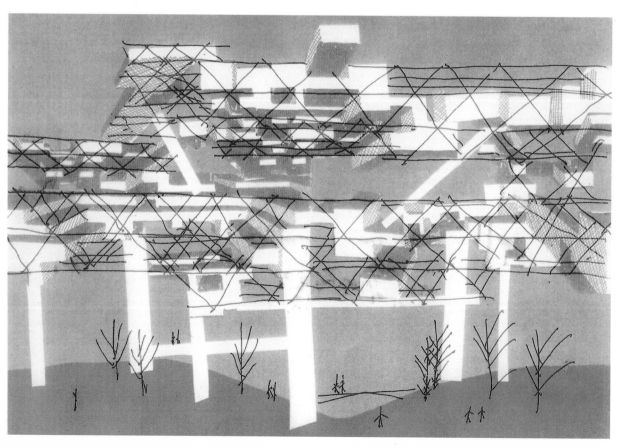

Estudio para la *Ville Spatiale*, 1990   Study for the *Ville Spatiale*, 1990

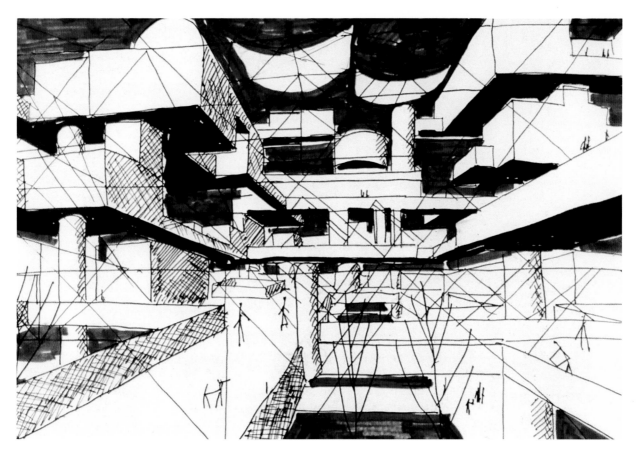

Interior de la *Ville Spatiale*, 1958-1962　　　　　　Interior of the *Ville Spatiale*, 1958-1962

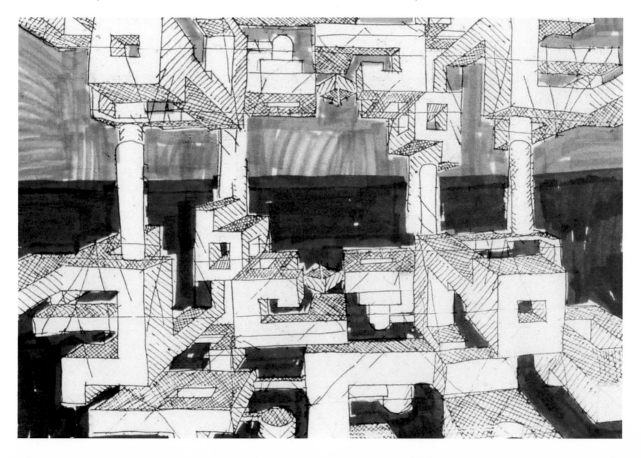

Interior de la *Ville Spatiale*, 1958-1962　　　　　　Interior of the *Ville Spatiale*, 1958-1962

Estudio para la *Ville Spatiale*, Nueva York, 1960   Study for the *Ville Spatiale*, New York, 1960

Fotomontaje de los "Campos Elíseos espaciales" de Túnez, 1959   Photomontage of the "Spatial Champs-Elysées" of Tunis, 1959

SPACE-CHAINS

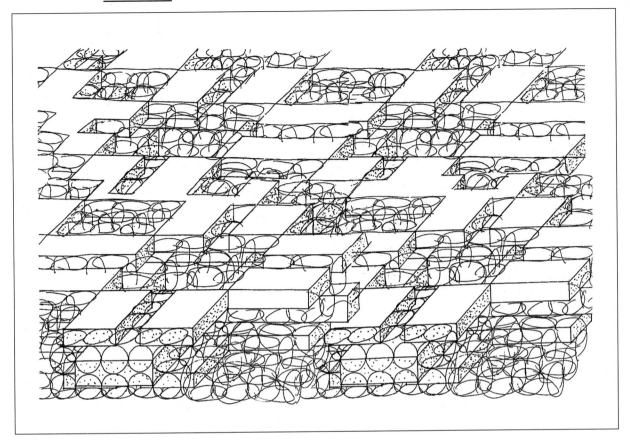

Estudio para una *Ville Spatiale* con infraestructura de *space-chain*, 1970   Study for a *Ville Spatiale* with space-chain infrastructure, 1970

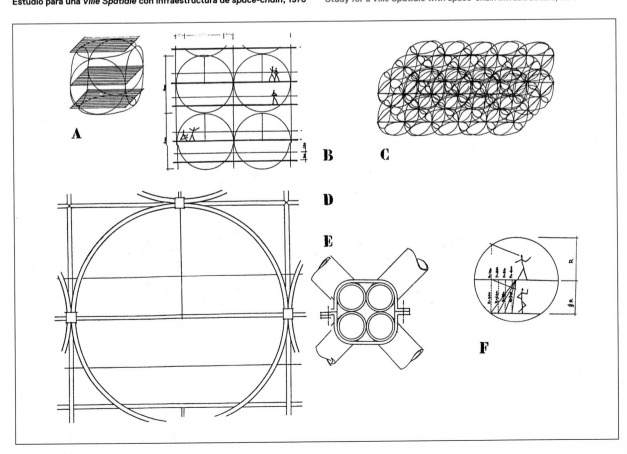

Estudio para una *space-chain*, 1959   Study for a space-chain, 1959

Space-chain para el concurso de Túnez, 1959

Space-chain for the Tunis competition, 1959

Estudio para una *space-chain*

Study for a space-chain

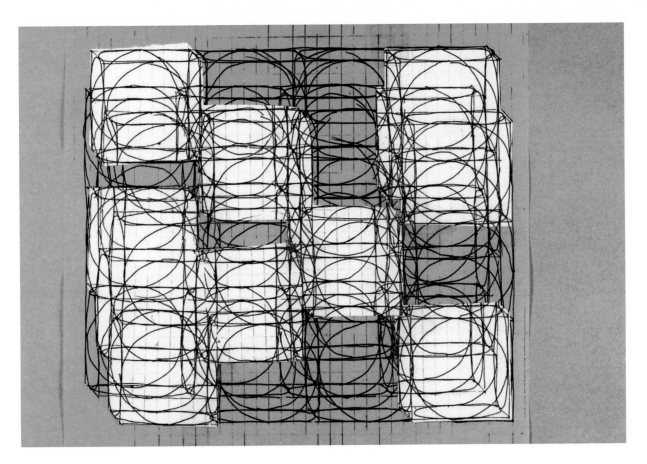

Space-chain **para el concurso de Túnez, 1959**   Space-chain for the Tunis competition, 1959

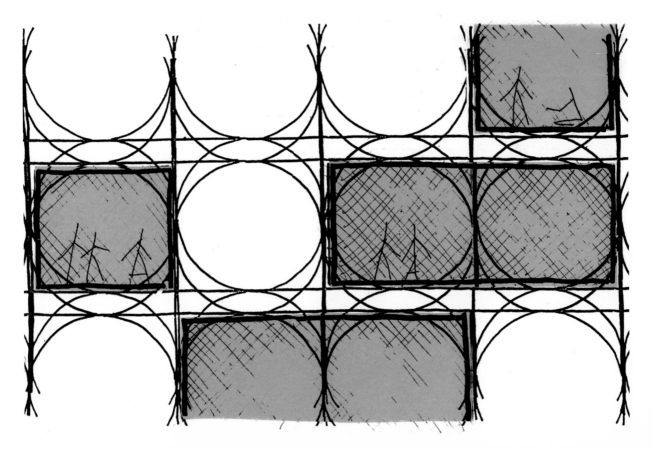

La inserción de volúmenes habitados en la *space-chain*, Túnez, 1959   The insertion of inhabited volumes into the space-chain, Tunis, 1959

Maqueta de cúpula con *space-chain*, 1970   Space-chain dome model, 1970

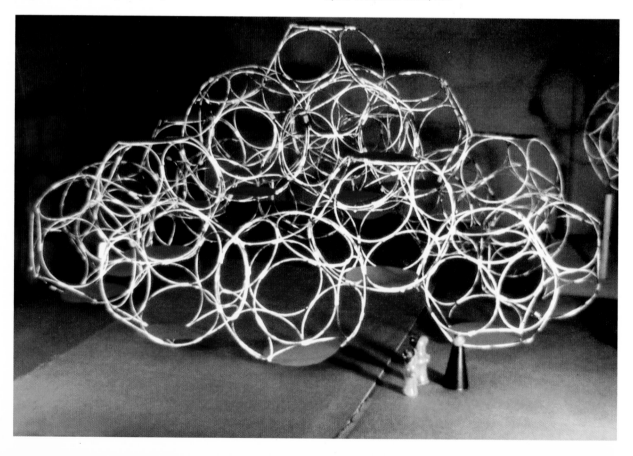

Maqueta de cúpula con *space-chain*, 1970   Space-chain dome model, 1970

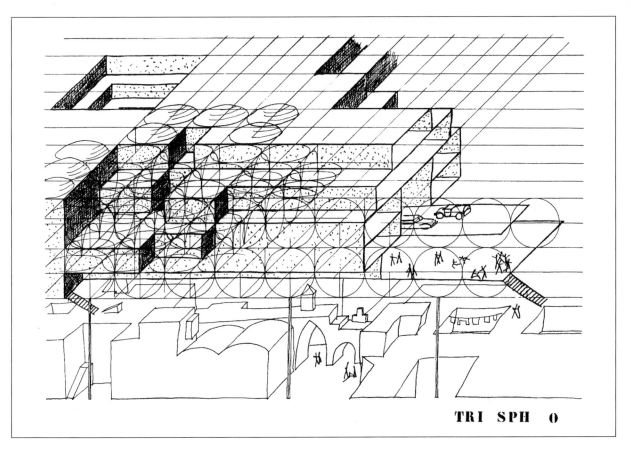

Estudio para una *space-chain*, 1959   Study for a space-chain, 1959

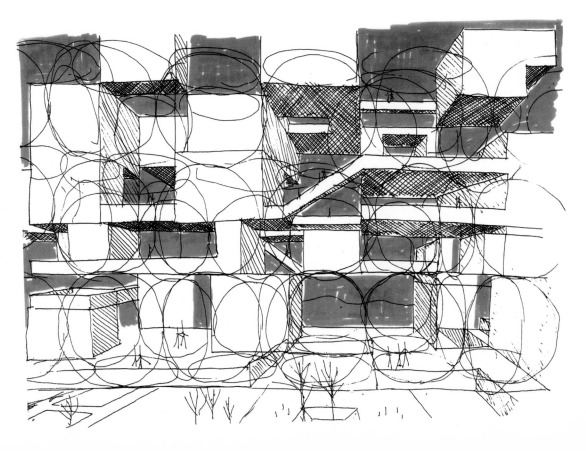

Estudio para una *space-chain*   Study for a space-chain

Ports on Channel Bridge

continued from page 158

The fusion of a highway (London–Paris), a railway (London–Paris) and the shipping transport bound for London and Paris, imply the need of a new port

The necessary height of the bridge gives an enormous cubage volume between the pylons

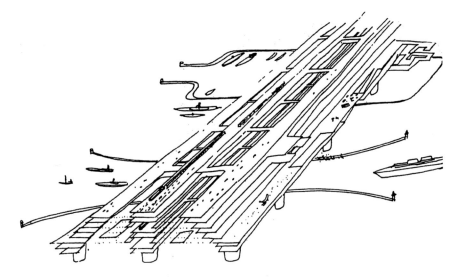

Above: diagrammatic sketch showing transport levels

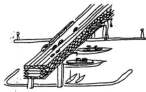

In creating a new port between the pylons of the bridge, the rent from stations, offices and warehouses would provide for the cost of the construction. The vertical exchange of goods between the ships and the trains or lorries would make for particularly smooth management

Below: plan diagram of ports and through-waterway
Key: 1 passengers port 2 through waterway 3 commercial port

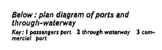

PONT SUR LA MANCHE

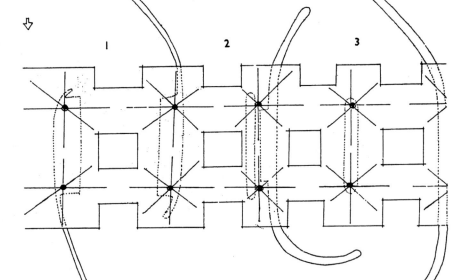

The bridge would become a new tourist attraction, as it would possess restaurants, hotels, swimming pools, artificial beaches and good views

Ciudad-puente sobre el Canal de La Mancha, 1963   Bridge-Town over the Channel, 1963

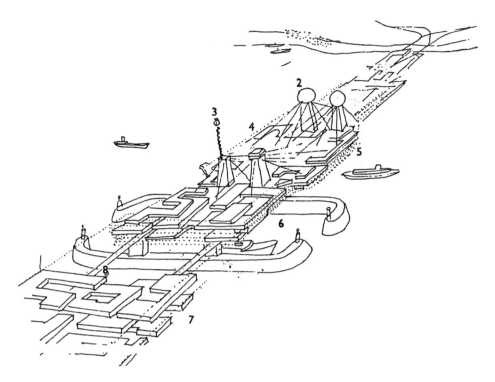

Above: sketch of part of project

Key: 1 bridge end, traffic station 2 water tanks, industry 3 lighthouse, TV-tower, radar 4 control tower 5 uni-directional waterway 6 port basin 7 town built into bridge structure 8 road, railway, waterway

Right: schematic cross-section. The large figures are measurements in meters.

Key: 1 floating quay 2 warehousing 3 tourist terrace 4 traffic way 5 offices 6 tourism 7 goods station

Below: schematic long section. The large figures are measurements in meters.

Key: 1 control room 2 water tank 3 principal cables 4 enclosing platform structure 5 pylons 6 access to quay 7 floating quay 8 buoy

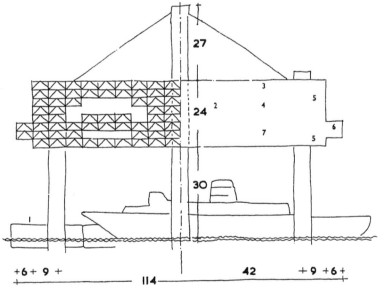

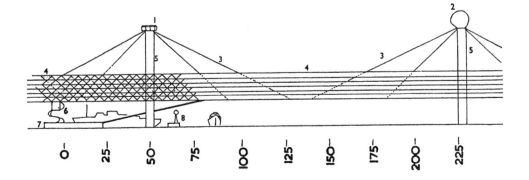

Ciudad-puente sobre el Canal de La Mancha, 1963   Bridge-Town over the Channel, 1963

CONSTRUYENDO CON CONTENEDORES, UN MÉTODO DIFERENTE

La utilización de contenedores para vivir, cajas sólidas apiladas una encima de la otra, es una técnica muy vieja. Yo mismo realicé un proyecto llamado "Bétonbox" que proponía apilar cajas de concreto con amplios espacios entre ellas y utilizarlos como espacios habitables adicionales. Los edificios de contenedores tradicionales no alcanzaron esta propuesta vanguardista (del año 1958).

Mi propuesta actual representa una mejora significativa respecto al proyecto de 1958:

1. Los contenedores mismos son módulos de estructuras espaciales que soportan los muros transportables y las tablas livianas del suelo.

2. Los contenedores no se ensamblan siguiendo una cuadrícula geométrica sino que son "amontonados" irregularmente, de forma improvisada, como baldas con aspecto de garabatos (llamo *gribouillis*[1] a las estructuras de alambres enmarañados unidos entre sí en los puntos en los que se cruzan).

Puedo simular esos montones de contenedores a través de maquetas de módulos encadenados en el espacio que se unen en ciertos puntos en los que el anillo de un módulo se cruza con el anillo de otro módulo.

Estos módulos indican tanto la estabilidad de la estructura como su calidad estética, sin mencionar sus implicaciones sociales: pueden ser improvisados por el habitante y fijados después de realizar una prueba para verificar su solidez.

---

1. *Gribouillis*, garabatos, en francés en el original. N.d.T.

BUILDING WITH CONTAINERS, A DIFFERENT METHOD

Using containers —solid boxes stacked one on another— for living is a very old technique. I myself made a project named "Bétonbox", which proposed to stack concrete boxes with large gaps between them, using these gaps as additional inhabitable space. Mainstream container buildings have still not attained this avant-garde proposal (dated 1958).

My current proposition represents large improvements on my 1958 project:
1. the containers themselves are space-frame modules, supporting the transport walls and the lightweight floor slabs.
2. they (the containers) are not assembled according to some geometric grid but are "heaped" irregularly, practically improvised, into *griboullis*-kind shelves (*griboullis* is what I called tangled wire structures, wherein wires are fastened together in points where they cross each other).

I can simulate such container-heaps through models of space-chain modules linked at crossing points where one ring of one module crosses another ring of another module.

These models indicate both the stability of such a structure and its aesthetic quality, not to mention the social implication: they can be improvised by the inhabitant, and be fixed after a test verifying its solidity.

CONTENEDORES TRIÉDRICOS: UNA TÉCNICA VERSÁTIL | **TRIHEDRIC CONTAINERS: A VERSATILE TECHNIQUE**

We call "container" a large fit, monolithic, used for transportation or (lorries, boats etc)

1

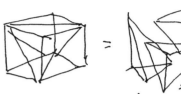

In 1956 I designed a "container"-like space-frame element which I called a "trihedron" (triedre) container composed of 4 "trihedra"

2

This is a trihedric container of 2 module

3

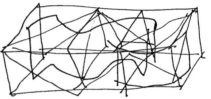

It is easy to insert in a trihedric container screens which determine the inhabited space

4

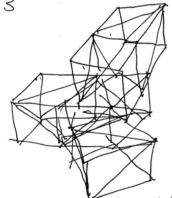

It is easy to form intricate agglomerations with such containers

5

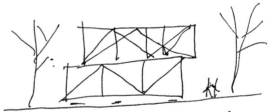

Trihedric containers (like all containers) can be disposed on the ground without the necessity of foundations

6

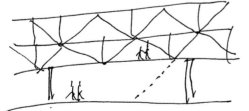

Trihedric containers can be fitted together into "span-over" structures supported by distant pillars.

7

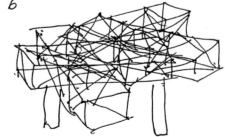

Span-over structures made with trihedra can follow intricate patterns with very little impact on the ground

8

Container agger

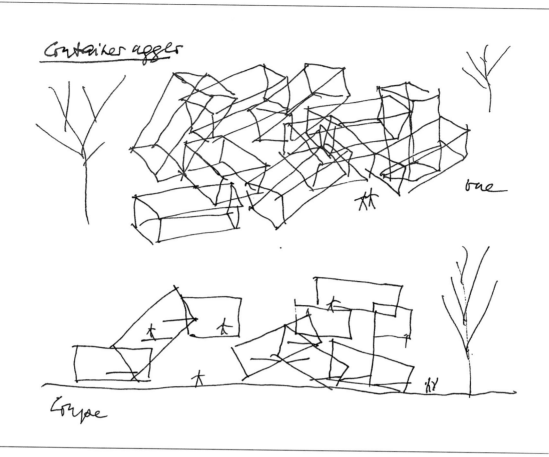

one

coupe

Container positions

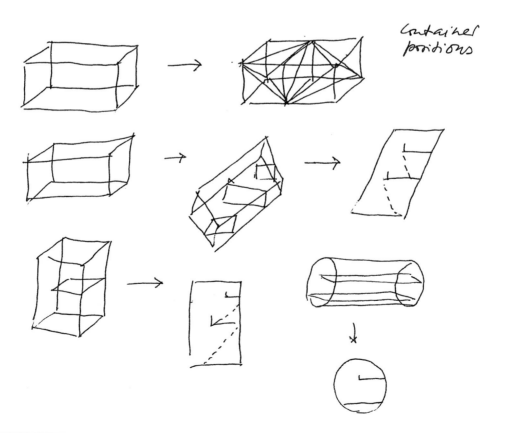

ARQUITECTURA Y DISEÑO URBANO, DESDE UN PARTICULAR PUNTO DE VISTA

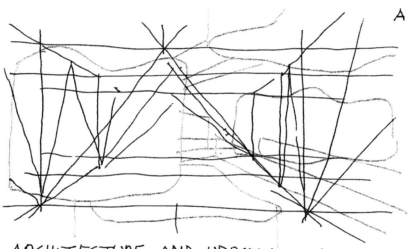

ARCHITECTURE AND URBAN DESIGN BECOME INTERIOR DESIGN WITHIN THE INFRASTRUCTURE

ARQUITECTURA Y DISEÑO URBANO
SE CONVIERTEN EN DISEÑO
DE INTERIORES DENTRO
DE LA INFRAESTRUCTURA

ARCHITECTURE AND
URBAN DESIGN BECOME
INTERIOR DESIGN
WITHIN THE INFRASTRUCTURE

ARCHITECTURE AND URBAN DESIGN FROM A PARTICULAR POINT OF VIEW

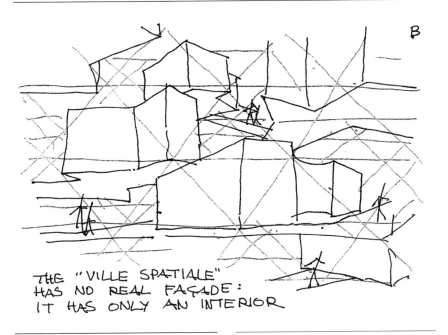

THE "VILLE SPATIALE" HAS NO REAL FAÇADE: IT HAS ONLY AN INTERIOR

LA "VILLE SPATIALE" NO TIENE FACHADA REAL: ES SÓLO UN INTERIOR

THE "VILLE SPATIALE" HAS NO REAL FACADE: IT HAS ONLY AN INTERIOR

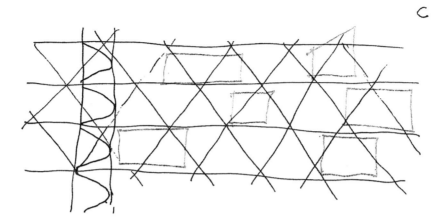

THE USEABLE VOLUMES (ROOMS, HALLS ETC) ARE A SORT OF "SUPER-MOBILIAR" WHICH CAN BE CHANGED OF PLACE

LOS VOLÚMENES UTILIZABLES (HABITACIONES, VESTÍBULOS, ETC.) SON UNA ESPECIE DE "SUPER MOBILIARIO" QUE PUEDE SER CAMBIADO DE LUGAR

THE USABLE VOLUMES (ROOMS, HALLS, ETC) ARE A SORT OF "SUPER-MOBILIAR" WHICH CAN BE CHANGED IN PLACE

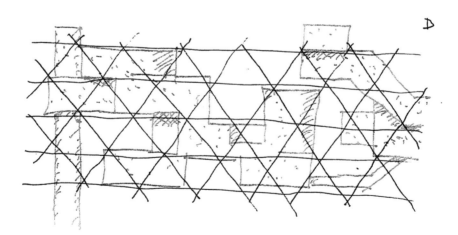

WITHIN THE INFRASTRUCTURE THE FAÇADE OF THE BUILDING CAN BE CHANGED IN A RAPID RHYTHM

DENTRO DE LA INFRAESTRUCTURA, LA FACHADA PUEDE SER CAMBIADA RÁPIDAMENTE

WITHIN THE INFRASTRUCTURE THE FACADE OF THE BUILDING CAN BE CHANGED IN A RAPID RHYTHM

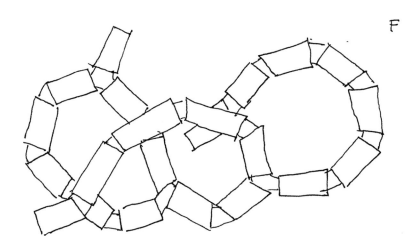

E

ANOTHER KIND OF "SOFT ARCHITECTURE"
IS THE "TRAIN"

OTRO TIPO DE "ARQUITECTURA
SUAVE" ES EL "TREN"

ANOTHER KIND OF "SOFT
ARCHITECTURE" IS THE "TRAIN"

F

THE "TRAIN" IS A ROW OF LINKED CONTAINERS
WHICH CAN FOLLOW ANY LINEAR PATTERN

EL "TREN" ES UNA FILA DE
CONTENEDORES CONECTADOS QUE
PUEDE FLUIR EN UN PATRÓN LINEAR

THE "TRAIN" IS A ROW OF LINKED
CONTAINERS THAT CAN FOLLOW
ANY LINEAR PATTERN

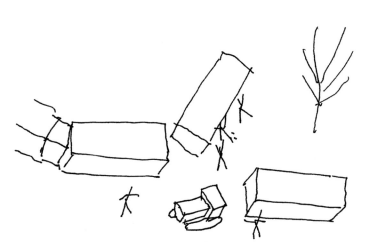

THE LAYOUT OF THE "TRAIN"
CAN BE CHANGED ANY TIME IT IS WANTED

LA DISTRIBUCIÓN DEL "TREN"
PUEDE SER MODIFICADA CADA
VEZ QUE SE LO DESEE

THE LAYOUT OF THE "TRAIN"
CAN BE CHANGED ANY TIME
IT IS WANTED

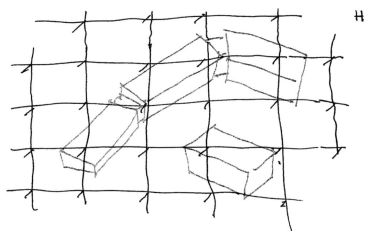

THE "TRAIN" DOES NOT NEED FOUNDATIONS:
A DISTRIBUTING GRID SUFFICES

EL "TREN" NO NECESITA CIMIENTOS:
ES SUFICIENTE CON UNA CUADRÍCULA
DE DISTRIBUCIÓN

THE "TRAIN" DOES NOT NEED
FOUNDATIONS: A DISTRIBUTION
GRID SUFFICES

THERE ARE OTHER "SOFT ARCHITECTURES":
"CRUMPLED SHEETS"

LAS OTRAS SON
"ARQUITECTURAS SUAVES":
"HOJAS ARRUGADAS"

THERE ARE OTHER
"SOFT ARCHITECTURES":
"CRUMPLED SHEETS"

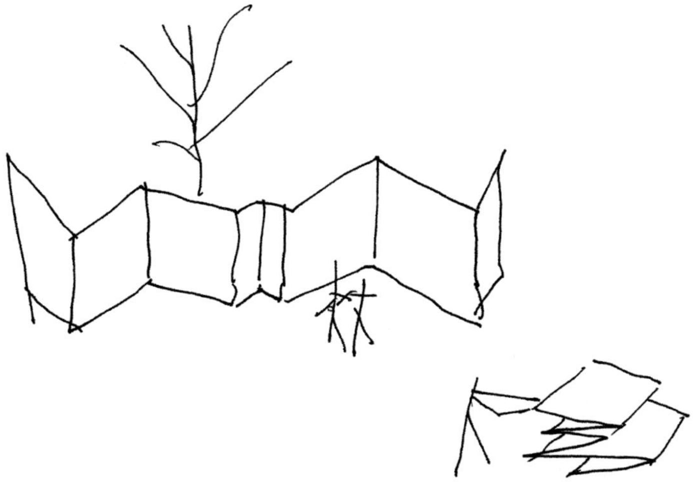

"PANEL CHAINS"

"CADENAS DE PANELES"

"PANEL-CHAINS"

K

"MERZ-STRUKTUREN"

"MERZ-STRUKTUREN"

"MERZ-STRUKTUREN"

L

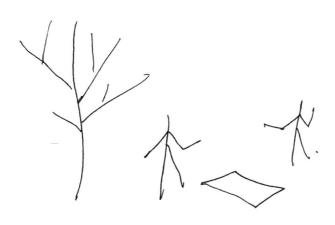

THEIR COMMON CHARACTERISTIC:
NO DRAWINGS NECESSARY

SU CARÁCTERÍSTICA COMÚN:
NO NECESITAN DIBUJOS

THEIR COMMON CHARACTERISTIC:
NO DRAWINGS NECESSARY

THEY ARE DISPOSED DIRECTLY ON THE SITE

SE DISPONEN DIRECTAMENTE
EN EL LUGAR

THEY ARE DEPOSITED DIRECTLY
ON THE SITE

LOS MEUBLES-PLUS[1]

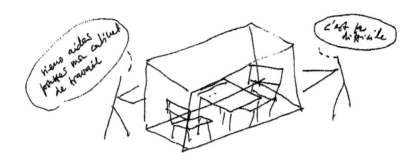

El tema de este proyecto no es realmente la "casa móvil" sino más bien la transformación de la casa en mobiliario.

The subject of this project is not really the "mobile house" but more the transformation of the home itself into furniture.

Intento explicarme: lo que utilizamos en "el hábitat", es el mobiliario y los equipamientos como una mesa, un sofá, una cama, los armarios, la bañera, el lavabo, la cocina, el refrigerador, etc.

Let me try to explain. What we use in a "dwelling" is furniture and equipment, such as a table, a sofa, a bed, cupboards, a bath, a washbasin, a cooker and a fridge.

1. *Mueble plus*, es un mueble con un valor añadido. N.d.T.

1. T.N. *Mueble plus*, is furniture with added value.

THE MEUBLES-PLUS[1]

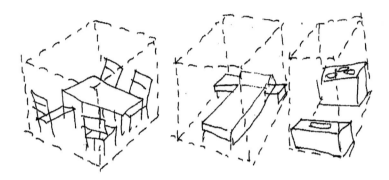

Cada uno de estos muebles implican un espacio de utilización a su alrededor: alrededor de la mesa, el espacio para las sillas; alrededor de la cama, el espacio de acceso; y así sucesivamente para todos los objetos utilizados.

Each of these pieces of furniture implies, around it, a space for use: around the table the room for the chairs, around the bed an access area, and so on for each objects used.

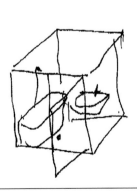

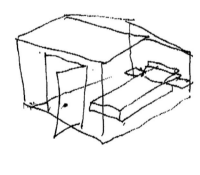

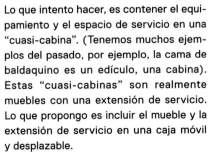

Lo que intento hacer, es contener el equipamiento y el espacio de servicio en una "cuasi-cabina". (Tenemos muchos ejemplos del pasado, por ejemplo, la cama de baldaquino es un edículo, una cabina). Estas "cuasi-cabinas" son realmente muebles con una extensión de servicio. Lo que propongo es incluir el mueble y la extensión de servicio en una caja móvil y desplazable.

What I am trying to do is contain the equipment and service space within a "quasi-cabin". (We have lots of examples from the past: for example, the four-poster bed is a kiosque, a cabin.) These "quasi-cabins" are in reality pieces of furniture plus their service-area extension. What I am proposing is that we include the furniture and its service extension within a box that is mobile and can be dismantled.

Este concepto permitirá a cada habitante, si así le hace falta, reorganizar el plano de su residencia, simplemente empujando los *meubles-plus* a donde lo desee. Puede crear en la mañana un alojamiento con muchos espacios independientes (habitaciones) y en la noche, por ejemplo, una sola sala grande al empujar todos los *meubles-plus* a las esquinas, transformando de esta manera su residencia en un salón de baile.

This concept will allow each occupant to reorganise, if required, hour by hour, the plan of his residence, simply by pushing these *meubles-plus* where it is wanted. In the morning he can create a home with lots of independent spaces (bedrooms) and in the evening, for example, one big room, by pushing all the *meubles-plus* into the corners, thus transforming his home into a ballroom.

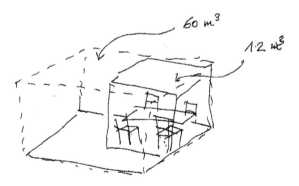

A parte de la movilidad, esta solución aporta un ahorro de energía que puede llegar al 90%. Efectivamente, se calentarían (o acondicionarían) solamente los volúmenes de los *meubles-plus* durante el tiempo en que alguien se encuentre en la cabina. El tiempo de calentar la cabina de un *meuble-plus* es menor que el que se emplearía en calentar (o enfriar) un coche. De este modo, una cocina, un baño, un comedor, una cama, etc. estarán acondicionados solo durante el tiempo en el que los ocupemos...

Apart from mobility, this solution brings energy savings of up to 90 per cent. This is because he would heat (or air-condition) only the spaces of the *meubles-plus*, and only for the time spent in the cabin. It takes less time to heat the cabin of a piece of *meuble-plus* than to heat (or cool) a car. Likewise, a kitchen, a bathroom, a dining room, a bed, etc. will be heated/cooled only for the time we spend there.

Las cajas de cartón dan una idea del volumen de los *meubles-plus*. Podéis jugar con ellas y componer vuestro apartamento imaginario que cambiará de forma para cada ocasión y cuando así lo deseéis.

Cardboard boxes give an idea of the volume of the *meubles-plus*. You can play with them and compose your own imaginary apartment that will change form for each occasion and when you want.

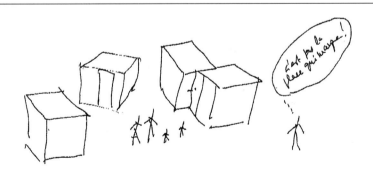

BALANCE DE ENERGÍA

Calculo el ahorro de energía de una solución arquitectónica en m³/hora, es decir, tomando el volumen que hay que climatizar (m³) y la duración de su utilización cotidiana (h).

De este modo, una habitación de un volumen de, por ejemplo, 18 m³ (3 m x 3 m x 2 m de altura), utilizada cuatro horas al día, representa un consumo proporcional de 72 m³/h. Efectivamente, esta cifra representa el consumo de energía necesario para que ese espacio sea habitable.

El ahorro de energía resultante de la utilización del sistema *meubles-plus*[1] se compone:
1) del volumen (muy reducido) que hay que calentar.
2) de la duración (muy limitada) de calefacción efectiva.

De esta manera, el volumen de espacio necesario para utilizar una cama no pasa de los 10 m³. Este volumen es utilizado 8-9 horas al día en promedio, al cociente característico *meubles-plus* de 90 m³/h, mientras que el cociente de una habitación habitual es de más o menos 360 m³/h.

Aquí está el cuadro comparativo que ilustra el ahorro total en un apartamento de una superficie total de 100 m²:

A. APARTAMENTO 100 m²   250 m³/24 h   →   6000 m³/h

B. *MEUBLES-PLUS*
1) Dormitorio   10 m³/8 h   →   80 m³/h
2) Baño   16 m³/4 h   →   64 m³/h
3) Comedor   20 m³/4 h   →   80 m³/h
4) Cocina   18 m³/8 h   →   144 m³/h
5) Estudio   30 m³/8 h   →   240 m³/h
6) Armario   10 m³/1 h   →   10 m³/h
7) Segundo dormitorio   10 m³/8 h   →   80 m³/h

Total   694 m³/h

Comparación: apartamento   100%   6000 m³/h
                meubles-plus   11,5%   694 m³/h

Ahorro: 100% - 11,5% = 88,5%

---

1. *Meubles-plus*, es un mueble con un valor añadido. N.d.T.

ENERGY EFFICIENCY ANALYSIS

I calculate the energy savings of an architectural solution in cubic metres per hour (m^3/h), that is to say, in relation to the volume requiring temperature control (m^3) and the duration of its daily use (h).

Thus a habitable room, with a volume, say of 18 m^3 (3 m x 3 m, H 2 m), used for 4 hours per day, represents a proportional consumption of 72 m^3/h. This figure indicates the energy consumption necessary to make this room habitable.

The energy saving resulting from the use of the *meubles-plus*[1] system is due to:
1) the (very limited) volume to be heated.
2) the (very limited) duration of the effective heating.

The amount of space needed to use a bed is no more than 10 m^3. This volume is used, on average, about 8 to 9 hours per day, with a typical *meubles-plus* quotient of 90 m^3/h, whereas the quotient for a normal bedroom is around 360 m^3/h.

To illustrate the total saving, for an apartment with a total area of 100 m^2, here is a comparative table:

A. APARTMENT 100 m^2	250 m^3/24 h	→	6000 m^3/h
B. *MEUBLES-PLUS*			
1) Bedroom	10 m^3/8 h	→	80 m^3/h
2) Bathroom	16 m^3/4 h	→	64 m^3/h
3) Dining room	20 m^3/4 h	→	80 m^3/h
4) Kitchen	18 m^3/8 h	→	144 m^3/h
5) Study	30 m^3/8 h	→	240 m^3/h
6) Cupboard	10 m^3/1 h	→	10 m^3/h
7) 2nd bedroom	10 m^3/8 h	→	80 m^3/h
	Total		694 m^3/h

Comparison: apartment 100 % 6000 m^3/h
meubles- plus 11.5 % 694 m^3/h

Saving: 100 % - 11.5 % = 88.5 %

---

1. T.N. *Meubles-plus*, is furniture with added value.

ACERCA DEL MUSEO

1. Un museo es una colección de objetos. ¿Por quién y para quién son seleccionados los objetos?
2. Un museo es una herramienta de información para un público amplio. ¿Qué información y por qué?
3. Un museo es una instalación para el ocio, para que le gente camine, para que mire los objetos expuestos mientras se come un bocadillo.
4. La arquitectura es el factor menos importante para un museo: muchas veces, sólo logra confundir.

Vamos a responder o, más exactamente, vamos a intentar responder.

1.   De acuerdo con una práctica habitual, los objetos son escogidos de acuerdo a un tema: una disciplina, una época, una comisión. Una junta, nombrada o autonombrada, escoge los objetos para un tipo particular de público, los llamados "aficionados a los museos". Una categoría de público definida por una junta: una publicidad sobre la colección es seleccionada con esa categoría en mente.

¿Cómo se coleccionan los objetos? Generalmente, comprándolos o adquiriéndolos por medio de donaciones. La selección depende de las ideas de la junta o de la generosidad (o estrategia fiscal) de los donantes. La colección es así el espejo de cierta clase cultural (la junta o los donantes) y una imagen sociológica de cómo los que toman decisiones ven el interés cultural de sus conciudadanos.

2.   Se supone que el público que visita un museo lo hace para informarse. Como los objetos en exhibición son escogidos por un grupo, mencionado arriba, la información es inevitablemente deformada. Se deforma en ambos extremos: el grupo que selecciona la colección tiene la intención de entregar una información en particular, mientras que los visitantes ven otra. Como herramientas de información, los museos son ambiguos.

A menudo, las colecciones de los museos son presentadas de forma didáctica. Las colecciones son aleccionadoras. Las personas que visitan un museo piensan que van a aprender algo. Muy pocas (sobre todo los niños) se arriesgan a mirar la colección libremente.'

Muy a menudo, las colecciones contribuyen al surgimiento de estereotipos culturales: prescriben lo que el público piensa de una disciplina, una época, una región. Esto puede pareceros bien o mal, depende de quién seáis.

A menudo hay un precio de entrada. Este precio en sí mismo selecciona a los visitantes. No necesariamente de acuerdo a su poder adquisitivo, sino más bien, de acuerdo con su evaluación de si la visita vale o no la pena.

ABOUT THE MUSEUM

1. A museum is a collection of objects. Objects selected by whom and for whom?
2. A museum is an information tool for a public at large. What information and why?
3. A museum is an installation for leisure, for people to walk around, to stare at the exposed objects at the same time as eating a sandwich.
4. Architecture is the least-important factor for a museum: very often it only has a confusing effect.

Let us answer, or, more exactly, try to answer.

1. According to customary praxis, the objects are chosen following a topic: a discipline, an epoch, a commission. The objects are chosen by a board, appointed or self-appointed, for a particular kind of public, the so-called "museum-goers". A category of public defined by the board: an advertisement about the collection is selected in view of that category.

How are the objects collected? Generally by buying them or acquiring them through donations. The selection follows the board's ideas or the generosity (or fiscal strategy) of the donors. The collection is thus a mirror image of a certain cultural class (the board or the donors) and a sociological picture of how these decision makers see their fellow citizens' cultural interest.

2. The public visiting a museum is supposed to visit it in order to get some information. As the objects put on show are selected by a group, mentioned above, the information is inevitably deformed. It is deformed at both ends: the group selecting the collection has the intention to deliver a particular information, the visitors see another one. Museums, as information tools, are ambiguous.

Museum collections are often presented in a didactic way. Collections are professorial. People visiting a museum think to learn something. Very few (mostly children) risk looking at the collection in a free manner.

Collections very often contribute to the emergence of cultural stereotypes: they make the public think about a discipline, about an epoch, about a region in a preconceived way. You can consider this right or wrong, it depends upon who you are.

Often there is an entry price. This price itself selects the visitors. Not necessarily according to their spending power, but rather according to their judgement whether the visit is worth the price.

3.   Personalmente, preferiría considerar la exposición de una colección como un lugar de ocio, en donde se puede caminar, sentar, hablar, comer. Los objetos no son por lo tanto la única razón para estar allí; podéis simplemente disfrutar su presencia a vuestra manera.

El verdadero prototipo de un museo para mí es una calle, cualquier calle. En ella podéis ver varios objetos, expuestos intencionalmente (vitrinas, decoraciones en los edificios, mobiliario urbano, etc.). También hay personas de verdad, no los visitantes de los museos, y objetos cotidianos (coches, árboles, etc.) comportándose "normalmente".

Entonces sois turistas. Podéis tener una guía o caminar por ahí sin ayuda si os atrevéis.

En la mayoría de las civilizaciones del pasado, fue la calle, el espacio urbano común, en donde se presentaba al público lo que se quisiese: estatuas en templos o iglesias, puestos de mercado, etc. El arte público, en particular, estaba muy rara vez escondido en lugares cerrados, excepto cuando era aislado por sus dueños ricos o poderosos. Tenemos que reinventar la calle como museo.

Una anotación importante sobre esa interpretación de un museo es que éste se forma a sí mismo. No es una colección seleccionada por alguien, no está planeado: quizá, el próximo mes los objetos de la colección sean diferentes.

He realizado varias acciones en esta dirección: hace unos años en Italia, propuse un "museo en la calle". Estaba formado por una acumulación de cajas de plexiglás en las que cualquier persona del barrio podía exponer objetos que quisieran mostrar.

Otro ejemplo es el Museo de los Grafitis: láminas flexibles de plástico extendidas sobre árboles, postes de luz, en las que todo el mundo puede "grafitear". Una vez que las láminas están llenas, deben ser cambiadas por unas nuevas y la viejas son guardadas y archivadas.

Pero el proyecto más interesante que he hecho en esta dirección, fue una idea graciosa a la que me retó un periódico: un "museo del siglo XXI". Propuse construir una *Ville Spatiale* pequeña y, simplemente, dejar que fuera habitada. Cada año, algunos objetos, instalaciones, etc. de uso cotidiano, se seleccionarían y guardarían como "testigos". En 100 años, el "museo" se completaría: "un museo que se construye a sí mismo".

3. Me, personally, I would prefer to consider an exhibition of a collection as a place of leisure, where you can walk, sit, talk, eat. The objects are then not the only reason that you are there, you simply enjoy their presence in your own way.

The true prototype for a museum, for me, is simply a street, any street. You see various objects, exposed intentionally (shop windows, decorations of buildings, urban furniture, etc.). There are also people, real ones not museum visitors, everyday objects (cars, trees, etc.), behaving "normally".

Then you are a tourist. You can have a guide, or have sufficient confidence to go around on your own.

In most civilisations of the past, it was the street, the common urban space that was used to present to the public whatever you wanted to show: statues on temples or churches, market stalls, etc. Public art, in particular, was seldom hidden in closed premises, except when secluded by its rich or powerful proprietors. We have to re-invent the street as museum.

An important remark about that interpretation of a museum is that it is self-forming. It is not a collection selected by some, it is not planned: next month, perhaps, the objects in the collection might be different.

I have done several actions in that direction: a few years ago, in Italy, I proposed a "street-museum". It consisted of an accumulation of plexiglas boxes wherein anybody from the neighbourhood could exhibit objects they wanted to expose.

Another example is the Graffiti-Museum: soft plastic sheets are extended on trees, on lampposts, and everybody is free to "graffiti" on them. Once the sheets are full, they are supposed to be changed with new clean sheets, and the old ones are kept and archived.

But the most interesting project I had in this direction was a funny idea I was challenged with by a periodical: a "museum of the 21st century". I proposed to build a small *Ville Spatiale* and simply let people live in it. Every year some objects, some installations, etc., serving day-to-day life, would be selected to be kept as "witnesses". In 100 years the "museum" would complete itself: a "self-building museum".

4. ¿Y la arquitectura?

La arquitectura puede ser interesante si se la considera un "objeto expuesto" de uso cotidiano. Sin embargo, la arquitectura como un edificio hecho para contener una colección, en muchos casos, la destruye: o es demasiado "débil" y hace que la colección se vea insignificante, o es demasiado "fuerte" y "mata" a los objetos expuestos.

En su lugar, yo propondría (como lo he dicho en otro artículo aquí) construir un *iconostase*[1], un artilugio de artista que sostiene a los objetos expuestos: una vitrina de una tienda es un *iconostase*, al igual que lo son el Museo en la calle o el Museo de los Grafitis. Los monumentos públicos pueden servir de *iconostases*. Inclusive el pavimento puede hacerlo: "Pinté" el pavimento de algunas calles en París, Burdeos o Menton. Los pósters pueden utilizar los muros como *iconostases*: es una costumbre aceptada.

5. No escribo esto como adversario de la exhibición pública de colecciones y, ciertamente, no como alguien que desdeñe la arquitectura. Simplemente, estamos en 2011 y, tal vez, algunas cosas han cambiado: las administraciones, los públicos, los artistas y muchas otras cosas.

He intentado presentar mis puntos de vista sin desatar una discusión polémica. Si os gusta y estáis de acuerdo, está bien, si no, también.

---

1. *Iconostase*, en francés en el original significa iconostasio, una pared en la que se exhiben imágenes religiosas en los templos ortodoxos. N.d.T.

4.   And what about architecture?

Architecture can be interesting as an "exposed object" in day-to-day use, but architecture, a building for containing a collection, in most cases, destroys the collection: either it is too "weak" and makes the collection look insignificant, or it is too "strong" and "kills" the exposed objects.

I would propose (as I wrote here in another paper), instead, building an *iconostase*[1], an artist's contraption that supports the exposed objects: a shop window is an *iconostase*, and so are the Street-Museum or the Graffiti-Museum. Public monuments can serve as *iconostases*. Even a pavement can do so: I "painted" the pavement of some streets, in Paris, Bordeaux or Menton. Posters can make use of walls as *iconostases*: it is an accepted custom.

5.   I am not writing this as an adversary of public exhibition of collections, and certainly not as somebody who scorns architecture. Simply, we are in 2011, and perhaps certain things have changed: administrations, the public, artists and many other things.

I have tried to present my personal views, without starting any polemic discussion. If you like you agree, if not, it is OK as well.

---

1.   T.N. Iconostasis, a screen bearing icons in othordox temples.

UN MUSEO NO ES UN EDIFICIO

La imagen pública de un museo es la de un edificio más o menos clásico en el que se exhiben objetos de interés, de arte, etc. Los edificios de los museos son muy a menudo considerados como excelente arquitectura y se convierten en símbolos culturales.

Vivimos en una civilización de "embalajes". Los productos se asocian más con una caja, un coche, etc. (pensad en Andy Warhol) y no lo que estos embalajes "contienen".

En lo que a mí concierne, un museo empieza con las exposiciones: vitrinas, paneles, etc., o, más bien, con lo que contienen. Se podría observar que una vitrina no es más que un "embalaje", pero por lo menos no lleva un "logo": es transparente y lo más neutral posible.

Pongámonos de acuerdo: un museo es un ensamblaje de soportes para exposiciones, una instalación de paneles, vitrinas, etc. No hay necesidad de alojarlos en un edificio.

Concebí muchos proyectos en esa línea: el Museo en la calle en Como, Italia y Vassivière, Francia, el Museo de los Grafitis en París. Estos proyectos se materializaron; hay otros que actualmente existen sólo en papel: el Museo de la civilización afgana o el Museo del siglo XXI.

Estos proyectos tienen una forma y un carácter determinado exclusivamente por las exposiciones. Para algunos de ellos se planeó una estructura de soporte: andenes, esqueletos de soporte (una técnica que denomino *iconostase* que soporta imágenes u objetos). Pero nunca edificios.

Esbocemos una descripción corta de estos proyectos:

The public image of a museum is a more or less classic building wherein objects of interest, art, etc, are exhibited. Museum buildings are often considered great architecture, becoming symbols of culture.

We live in a civilisation of "packaging". Products are more associated with a box, to a car, etc (think about Andy Warhol), and not at all to what these "packagings" contain. As for me, a museum starts with the exhibits: showcases, panels, etc., or rather with what they contain. One could remark that a showcase is nothing else than a "package", but at least it does not wear a "logo": it is transparent and as neutral as possible.

Let us accept a compromise: a museum is an assembly of supports for exhibits: an installation of panels, showcases, etc. There is no necessity to house them within a building.

I have made several projects conceived along that line: the Street-Museum in Como, Italy, and Vassivière, France, the Graffiti-Museum in Paris. These projects materialised, there are others, which, at present, exist only on paper: the Museum of Afghan Civilisation or the Museum of the 21st century.

All these projects are characterised by being formed by the exhibits alone. For some of them a support structure was planned: walkways, support-skeletons (a technique I call *iconostase*, supporting images or object). But, no buildings.

Let us sketch a short description of these projects.

A MUSEUM IS NOT A BUILDING

1. Museo en la calle, Como, Italia, 2004-2008

La idea básica de ese museo en la calle era proponer a los habitantes de un barrio que expusieran públicamente objetos que les gustaría mostrar a sus conciudadanos. Esos objetos podían ser aquellos utilizados en el día a día o algunos más excepcionales. Se les advirtió a los expositores que los objetos expuestos no estarían asegurados y, que por lo tanto, podían ser robados o dañados. El museo en sí mismo se componía de un ensamblaje escultórico de cajas transparentes de plexiglás (las vitrinas) en las que la gente depositaba los objetos que había escogido. Así pues, el Museo en la calle puede ser considerado como el inicio de un museo más grande, el "museo de la civilización" de nuestra época y que podría eventualmente convertirse en un tesoro para los arqueólogos de los siglos venideros. En cuanto al aspecto del "museo", se ve como un objeto de arte contemporáneo, una escultura hecha de componentes transparentes.

1. Street-Museum, Como, Italy, 2004-2008

The basic idea for this Street-Museum was to propose that the inhabitants of a neighbourhood exhibit publicly objects they would like to show to their fellow-citizens. Such objects might be those of day-to-day life, other ones more exceptional. Exhibitors were warned that the exhibits would not be insured, and could be stolen, vandalised, etc. The museum itself consisted in a sculptural assembly of transparent plexiglas boxes (the showcases) into which people deposited the exhibits they had chosen. Thus the Street-Museum could be considered as the trigger for a larger "museum of civilisation" of our epoch, becoming eventually in the future a treasure for archaeologists several centuries later. As for the aspect of the "museum" itself, it looks like a contemporary art object, a sculpture made with transparent components.

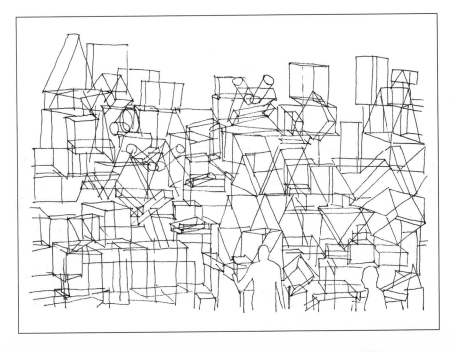

Estudio para el Museo en la calle, 2004   Study for the Street-Museum, 2004

Museo en la calle, Como, 2004-2008   Street-Museum, Como, 2004-2008

Museo en la calle, isla de Vassivière, 2008   Street-Museum, Vassivière Island, 2008

2. El Museo de los Grafitis, París, 2009

Este "museo" está compuesto de una estructura de madera, una especie de pérgola, en la que son tensadas láminas delgadas de plástico transparente. Toda la gente está invitada a dibujar un grafiti para expresar sus ideas en estas láminas. Así, el material de la colección del museo crece cada día.

Cuando las láminas están llenas de dibujos, se desmontan y archivan para ser reemplazadas por láminas nuevas.

El proyecto sigue un principio de "autoconstrucción" de la colección: una colección que empieza antes de existir y que se va enriqueciendo con el tiempo.

2. The Graffiti-Museum, Paris, 2009

This "museum" consists of a wooden structure, a sort of a pergola, on which sheets of soft transparent plastic are stretched. People (anybody) are invited to draw graffiti according to their ideas on these sheets. Thus the material of the museum's collection grows day by day.

When the sheets are fully drawn on, they will be detached, archived and replaced by new virgin sheets.

The project follows a "self-building" collection principle: a collection which starts when it does not yet exist and which becomes more and more complete with time.

Museo de los Grafitis, París, 2009

Graffiti-Museum, Paris, 2009

Pasarelas con vitrinas del Museo de la civilización afgana, 2008

Gangway bridges with exhibits of the Museum of the Afghan Civilisation, 2008

Museo de la civilización afgana, 2008

Museum of the Afghan Civilisation, 2008

3. Museo de la civilización afgana, 2008

Durante el régimen talibán, las estatuas gigantes de Buda en Bamiyán fueron destruidas, dejando los nichos excavados totalmente vacíos. A partir de ahí se originó el proyecto de instalar un museo dentro de estos nichos medio abiertos.

El proyecto que propuse (y que fue aceptado) consistía en instalar un itinerario con puentes peatonales y escaleras en esos nichos. Los objetos serían expuestos en vitrinas transparentes a lo largo de ese recorrido, de forma similar a la mercancía expuesta en un bazar o un mercado.

La red formada por estas pasarelas y escaleras puede ser vista en sí misma como una escultura abstracta gigante. La disposición de las vitrinas a lo largo de las pasarelas enriquece el aspecto general de la instalación.

3. The Museum of Afghan Civilisation, 2008

During the Taliban regime the giant Buddha statues of Bamiyan were destroyed, leaving the excavated niches completely empty. Thus originated the project to install a museum inside these half-open gigantic niches.

The project I proposed (and which was accepted) consisted in installing an itinerary (footbridges and staircases) in those niches. The exhibits, in transparent showcases, are due to be exposed along this itinerary, somewhat like merchandise disposed in a bazaar or marketplace.

The network of these walkways and stairs can itself be looked on as a giant abstract sculpture. The disposal of the showcases along the walkways enriches the general aspect of the installation.

Fotomontaje de la propuesta de Zúrich, 2012   Photomontage for the Zurich proposal, 2012

4. La propuesta de Zúrich, 2012

Planeamos un experimento para Zúrich: en una calle del casco histórico, todos los escaparates de las tiendas serán utilizados como vitrinas de museo que exhibirán obras de arte, objetos de interés especial, etc. De hecho, las calles comerciales con grandes escaparates en las ciudades grandes son, efectivamente, museos de nuestra civilización actual.

Las exposiciones de los escaparates, que están disponibles 24 horas al día, 7 días a la semana y son gratuitas, pueden ser la forma adecuada de imaginar el museo del futuro.

4. The Zurich Proposal, 2012

We plan an experiment in Zurich: in a street of the old town all the shop windows will be installed as museum showcases, exhibiting artworks, objects of special interest, etc. Indeed, commercial streets with shop windows, in every large city, are effectively museums of our present civilisation.

Shop window exhibitions, available to spectators 24 hours a day and seven days a week, with free entrance, might be the right way to imagine the museum of the future.

Museo del s. XXI, París, 1999

Museum of the 21st century, Paris, 1999

5. El Museo del siglo XXI, París (proyecto, 2000)

Cuando me propusieron concebir un museo a principios de siglo, mi idea era que el mejor museo para una época era la ciudad misma, concebida y materializada en ese periodo.

Un siglo, 100 años, es un periodo largo y en sus comienzos, no sabemos a dónde nos llevará. Por ejemplo, el siglo XIX empezó con Napoleón y terminó con el descubrimiento de la radio y la teoría cuántica.

Así, este museo debería ser uno que se auto-construye durante 100 años.

Lo que propuse sería un barrio-*ville spatiale* en el que los habitantes efectúan cambios de acuerdo con su vida cotidiana: ventanas, baños, decoraciones. También habría modificaciones a nivel comunal: buzones, cabinas telefónicas, recolectores de basura, etc.

Se designaría una comisión que, por ejemplo, cada cinco años, decidiera qué cambios podrían considerarse como pequeños hitos históricos que deben conservarse. Estos objetos protegidos, en 100 años, formarían el museo del siglo XXI que se inauguraría el 1 de enero de 2100.

5. The Museum of the 21st century, Paris (project, 2000)

My idea, when I was asked to conceive a museum of the then-starting century, was that the best museum for a period is the city itself, as conceived and materialised in that period.

A century, 100 years, is a long period, and, at its beginning, one does not know where it will lead. For example, the 19th century started with Napoleon and finished with the discovery of radio and of quantum theory. Thus, this museum should be a "self-building" one, over 100 years.

What I proposed, would be a *Ville Spatiale* neighbourhood, wherein inhabitants would effectuate changes according to day-to-day life: changing windows, bathrooms, decoration. There would be also communal changes: mailboxes, phone booths, garbage collectors, etc.

A commission would be appointed that, for example, would decide every five years which changes could be considered as small historical landmarks to be conserved. These conserved objects would, in 100 years, form the museum of the 21st century, to be inaugurated on January 1, 2100.

Iconostase de *space-chain*, Basilea, 2010

Space-chain *Iconostase*, Basel, 2010

6. El *iconostase* de Art Basel 41, 2010

Llamo *iconostase* a una estructura concebida como soporte para objetos que se van a exhibir: un esqueleto, una balda, un muro. De alguna forma, todos los proyectos enumerados arriba son *iconostases*, pero también lo son muchas construcciones del pasado (edificios góticos, templos indios, obeliscos egipcios, etc.).

El *iconostase* de Basilea es una estructura de *space-chain*, del tipo al que me he referido a menudo en mis dibujos de la *Ville Spatiale*. Los vacíos de la estructura serán los soportes de los paneles, vitrinas, etc.

La estructura tenía que poder ser desarmada siguiendo las reglas de Art Basel, pero con la posibilidad de ser rearmada para servir de soporte a un pequeño museo de arquitectura en París.

Creo que estos ejemplos podrían enfatizar la idea de que la arquitectura puede significar otra cosa además de edificios y que la organización de exposiciones no es necesariamente de la competencia de la "arquitectura de interiores". Los museos pueden ser uno de los mejores ejemplos de "arquitectura sin edificios".

6. The Art Basel 41 *Iconostase*, 2010

An *iconostase* is what I call a structure conceived as a support for objects to be exhibited: a skeleton, a shelf, a wall. In a way, all the projects enumerated above are *iconostases*, but so are many constructions from the past (Gothic buildings, Indian temples, Egyptian obelisks, etc.).

The Basel *Iconostase* is a space-chain structure, of the kind I often referred to in my drawings of the *Ville Spatiale*. The structure's voids are to be supports for panels, showcases, etc.

The structure had to be dismantled, according to the rules of Art Basel, but is due to be re-assembled to serve as the support of a small architecture museum in Paris.

I think that these examples emphasise the idea that architecture could mean other things than buildings, and also that the organisation of exhibits is not necessarily the subject of "interior architecture". Museums might be one of the best examples for "architecture without buildings".

París, 30.6.2010

Paris, 30.6.2010

ESCAPARATES, EL MUSEO DE NUESTRA CIVILIZACIÓN

El museo de una civilización no es un "museo de arte". Es más bien una colección de objetos que se utilizan cotidianamente: la civilización misma está compuesta de comportamientos complejos, la forma en la que estos objetos son utilizados, la significación social y cultural de esos objetos. Un objeto que se convierte en mercancía, es diferente de un objeto encontrado aleatoriamente.

Los antropólogos y arqueólogos construyen sus imágenes y teorías sobre las civilizaciones pasadas a través de artefactos que encuentran en excavaciones. Un hueso medio quemado en un campamento neolítico desencadena teorías sobre el estilo de vida en el Neolítico. Los objetos encontrados en tumbas son el tesoro venerado de grandes colecciones museísticas. Pero en cuanto al valor real de estos descubrimientos para la sociedad que los produjo, sólo podemos hacer suposiciones.

Pensemos en las huellas de nuestra civilización que serán encontradas por las generaciones venideras. ¿Podríamos nosotros mismos "prepararlas", por ejemplo, teniendo objetos característicos acompañados de indicaciones sobre su valor contemporáneo, de instrucciones sobre cómo debían ser utilizados, de documentos que aumentaran su atractivo al público contemporáneo? Sí, podríamos. Todas estas informaciones están contenidas en los escaparates: el precio, la información técnica, la publicidad. Los escaparates son ya museos.

Hay otra ventaja en el presente. No se necesita pagar una entrada para mirar esa exposición, ni ir a verla en "horarios de apertura al público". Está abierta para todo el mundo, día y noche, todos los días de la semana. No es necesario construir, para este tipo de museo, un edifico especializado. No necesitan, para el visitante, calefacción o protección del agua: los escaparates se pueden observar utilizando un paraguas propio.

Pero hay un punto que tengo que añadir a este proyecto. Los escaparates tienen generalmente una motivación meramente comercial. ¿Se podrían también instalar escaparates para mostrar arte, ideas, cultura? ¿Acordar con los comerciantes una forma de exhibir obras de arte y otras manifestaciones culturales junto con sus mercancías? Una política de impuestos adecuada podría facilitar esta aproximación.

La calle como el museo de una civilización es una idea realista. Tuve la oportunidad de probarlo en varias ciudades: se puede hacer.

¡El próximo paso sois vosotros!

SHOP WINDOWS, A MUSEUM OF OUR CIVILISATION

A museum of a civilisation is not an "art-museum". Rather, it is a collection of everyday objects in everyday use: the civilisation itself is the complex behaviour, the way such objects are used, the social and cultural signification of such objects. An object, becoming merchandise, is different from an object found at random.

Anthropologists and archaeologists build up their images and theories about past civilisations through artefacts they find at excavation sites. A half-burnt bone at the site of a Neolithic encampment triggers theories about Neolithic lifestyle. Objects found in tombs are the revered treasure of large museum collections. But, as for the real value of these finds for the society that produced them, we can only guess.

Let us think about the traces of our civilisation, traces that might be found by generations succeeding ours. Could we ourselves "prepare" these traces, for example, have the characteristic objects accompanied by indications about their contemporary value, by instructions on how they were supposed to be used, by documents enhancing their appeal to a contemporary public? Yes, we could. All this information is contained in shop window displays: price, technical information, advertisements. Shop window displays are museum-ready.

There is also another advantage for the present. You don't have to pay a ticket to look at such a display, nor go and look during "visiting hours". It is open for everybody, day and night, all days of the week. For that kind of museum, there is no necessity to build a specialised building. They don't need heating or weather protection for visitors: you can look at window-displays using your own umbrella to protect you.

But, there is one point I have to add to this project. Shop windows generally have an exclusively commercial motivation. Could we also install shop windows for art, for ideas or for culture? Separately, associated with the merchant's display, for example, convening with shop owners to also present, as a part of their display, works of art, cultural manifestations, etc.? An appropriate tax-policy could facilitate this approach.

The street as the museum of a civilisation is a realistic idea. I had the occasion to test it in various cities: it can be done.

The next step is with you!

EL PRINCIPIO DEL ICONOSTASE[1]

Las exposiciones de obras gráficas se hacen normalmente presentándolas sobre la pared, sobre pantallas planas, sobre las superficies de los lugares de exposición.

El *iconostase* (término tomado de las pantallas de las iglesias orientales que soportan las imágenes de los santos) es una "obra escultural formada por superficies planas o curvas sobre las que se presentan obras gráficas". Evidentemente, estas esculturas siguen sus propias reglas; la exhibición de imágenes (pinturas o dibujos) debe ser armonizada con las superficies de la escultura.

Esto no es todo: la escultura misma (*iconostase*) debe formar un conjunto "armonioso" con el espacio, arquitectónico o de cualquier tipo, que pueda alojar la exposición.

Exhibitions of drawings and prints usually involve presenting these works on walls, on flat screens, on the surfaces of the exhibition venue.

The *iconostase* (a term which refers to the screens in Orthodox churches used as supports for holy images) is a "sculptural work formed by flat or curved surfaces on which graphic works are presented". Obviously, these sculptures follow only their own rules: the presentation of the images (paintings or drawings) must be harmonised with the surfaces of the sculpture.

That is not all: the sculpture (*iconostase*) itself must form an ensemble that is "in harmony" with the space, architectural or otherwise, housing the exhibition.

---

1. *Iconostase*, en francés en el original significa iconostasio. N.d.T.

1. T.N. Iconostasis.

YONA FRIEDMAN

THE ICONOSTASE PRINCIPLE[1]

El Museo-*iconostase*, Varsovia, 2011

The *Iconostase*-Museum, Warzaw, 2011

PROYECTO: EL MUSEO-ICONOSTASE DE VARSOVIA

1. Un *iconostase* es una estructura que sirve para exhibir obras de arte. El *iconostase* puede ser en sí una obra de arte, particularmente de arquitectura.

2. Esta propuesta consiste en sustituir, de manera temporal o permanente, el edificio del Museo de Arte Moderno de Varsovia. Tiene la forma de una estructura de *space-chain* construida con anillos metálicos de 1.3 metros y 2 metros de diámetro.

3. La primera ventaja de utilizar un *iconostase* en lugar de construir un museo tradicional es económica: los costos de construcción no son más que una pequeña fracción de lo que costaría un edificio tradicional. También se puede economizar muchísimo en los costos de mantenimiento: los gastos de iluminación y calefacción pueden reducirse mucho.

4. La segunda gran ventaja se deriva de la relativa facilidad para "remodelar" la construcción: la forma del edificio puede transformarse con poco más esfuerzo que el de montar y desmontar un andamio según el ritmo del programa de las exposiciones principales.

5. El concepto arquitectónico de un museo-*iconostase* proporciona seis o siete "pabellones" independientes con esqueleto de *space-chain*. Las obras de arte (o más bien, por razones de seguridad, sus copias) serán expuestas en vitrinas de plexiglás herméticamente cerradas. Cada vitrina será diseñada específicamente para cada obra. Estos pabellones podrían eventualmente conectarse a un camino central de concreto, elevado 2.6 metros sobre el suelo, al que se accede por escaleras eléctricas.

6. La forma inicial de los pabellones sería variable ya que la técnica de la *space-chain* permite improvisar. Así pues, el edificio puede ser improvisado por el equipo de construcción local, según las instrucciones generales proporcionadas por el arquitecto. Para esta improvisación, el equipo de construcción o el personal del museo (comisarios, etc.) "construirían" maquetas pequeñas a escala reducida que se copiarían a escala real.

Los cimientos de estos pabellones livianos pueden hacerse con bloques de concreto. Las obras grandes se insertarían en los espacios entre los edificios.

7. La técnica de *space-chain* propuesta y la improvisación local fueron implementadas por primera vez en Art Basel 2010 y expuestas por la Galería kamel mennour de París.

Se prevén otras implementaciones para la Kunsthaus Bregenz y para el Museo Ludwig en Budapest.

PROJECT: THE WARSAW ICONOSTASE- MUSEUM

1. An *iconostase* is a structure serving to exhibit works of art. The *iconostase* can itself be an artwork, particularly of architecture.

2. This proposition consists in substituting, temporarily or not, the building of the Museum of Modern Art of Warsaw. It has the form of a space-chain structure, built with metal rings of 1.3 m and 2 m in diameter.

3. The first advantage of using an *iconostase* instead of building a mainstream museum is financial: the construction costs are but a small fraction of those of a mainstream building. An important economy can also be obtained for the maintenance costs: lighting and heating costs can be much reduced.

4. The second great advantage comes from the relatively easy "reshaping" of the construction: the shape of the building can be transformed with little more effort than mounting and dismounting a scaffolding, according to the rhythm of the programme of major exhibitions.

5. The architectural concept of the *iconostase*-museum provides for about six or seven independent "pavilions" of space-chain skeleton. The artworks (or rather their copies because of security) will be exposed in hermetically closed plexiglas vitrines, each vitrine shaped specifically for each artwork.

These pavilions could eventually be linked to a central pathway built in concrete, 2.6 m above ground level, accessible by escalators.

6. The initial form of the pavilions would be variable, as the space-chain technique allows improvisation. Thus the building could be improvised by the local building team, according to general instructions provided by the architect. For this improvisation the building team or the museum staff (curators, etc.) would "build" small-scale models, which will be recopied at full scale.

The foundations for these lightweight pavilions could be made with concrete slabs. Large-scale artworks would be inserted into the gaps between pavilions.

7. The proposed space-chain technique and local improvisation was implemented for the first time at Art Basel 2010, and exhibited by the Gallery kamel mennour, Paris.

Other implementations are foreseen for the Kunsthaus Bregenz and the Ludwig Museum in Budapest.

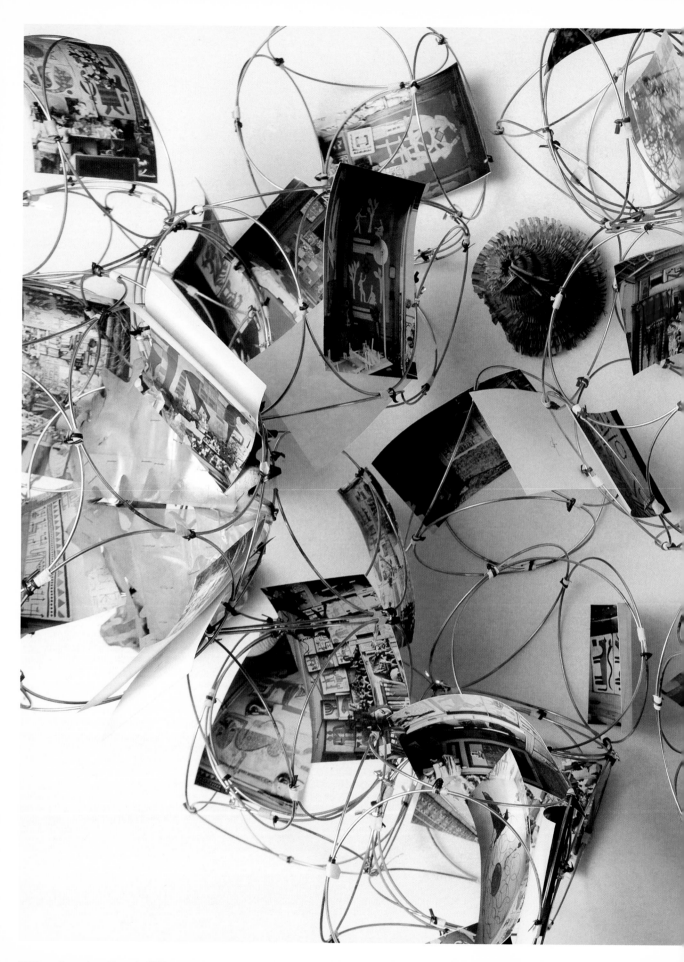

El Museo-*iconostase*, Varsovia, 2011

The *Iconostase*-Museum, Warzaw, 2011

Fotomontaje del Museo-*iconostase*, Varsovia, 2011   Photomontage of The *Iconostase*-Museum, Warzaw, 2011

Fotomontaje del Museo-*iconostase*, Varsovia, 2011   Photomontage of The *Iconostase*-Museum, Warzaw, 2011

VISTO DESDE AFUERA

Nota del autor

Este artículo no trata de la arquitectura o de las ciudades. Los principios enunciados, son formulados en un sentido más general que los de la física. De hecho, el principio de equilibrio es completamente válido para la sociedad y para la economía. Ante la ocurrencia de cualquier desequilibrio temporal, la sociedad o la economía se re-equilibran, tácita o violentamente. La sociedad siempre está en equilibrio, aún si ese equilibrio no me resulta simpático. En lo que respecta a los principios de divisibilidad, veo a la sociedad como un todo, pero compuesto de individuos.

La singularidad de los individuos es también un hecho reconocido y todas mis propuestas arquitectónicas parten de este principio.

Finalmente, el principio que enuncia que la estética es arbitraria es más que evidente, inclusive para los arquitectos.

Siempre he pensado que los principios que se definen solamente para un oficio son demasiado estrechos. Necesitamos entender que los arquitectos tienen que estudiar más que arquitectura: necesitan tener algo de cultura general. Y esto no sólo se aplica a los arquitectos...

Cuando se me ha preguntado sobre la educación en arquitectura, siempre he sugerido que los arquitectos deberían tener más información general sobre el mundo que la que las escuelas de arquitectura proporcionan.

Y, más aún, los habitantes también deberían estar informados de qué se trata la arquitectura y de qué les compete como tal. Es por eso que muy a menudo he utilizado historietas como una forma de comunicar información técnica, así como un medio de expresar ideas generales.

El siguiente artículo no es ni científico, ni de divulgación: se trata de mi forma personal de ver el mundo, pero no mi forma privada, que se resiste a la comunicación.

Tendrán que disculpar que me tome la libertad de ir más allá de mi profesión.

Author's note

This paper is not about architecture or cities. But the principles are formulated in a more general sense than those of physics.

Indeed, the principle of equilibrium is completely valid for society, for economy. Whatever provisory disequilibrium happens, society or economy re-equilibrate themselves, tacitly or violently. Society is always in equilibrium, even if that equilibrium doesn't have my personal sympathy.

As for the principles of divisibility: I view society as a whole, but which is composed of individuals.

Uniqueness of individuals is also a recognised fact, and all my architectural proposals start from this principle.

Finally, the principle stating that aesthetics are arbitrary is more than evident even for architects.

I always thought that principles defined for only one trade are too narrow. We need to understand that architects have to study more than architecture: they need to have some general culture. And that is true not only for architects...

I always suggested, when asked about architectural education, that architects should have broader information about the world than schools of architecture generally dispense.

And, going further, inhabitants have also to be informed, about what architecture is about and what is their, the inhabitants', competence. For that reason I often made use of cartoons for communication, both as technical information, but also as a means to express general ideas.

The article that follows is not scientific, nor for diffusion: it is about my personal way of seeing the world, but not my private way, which resists communication.

You have to pardon me the liberty I am using to pass beyond my profession.

YONA FRIEDMAN

SEEN
FROM OUTSIDE

Motto: Hago parte de muchos grupos.
Así que estoy fuera de muchos más.
— ANASTASE KROKODILOVITCH

Motto: I am, an insider to many groups.
So I am, an outsider for even more.
— ANASTASE KROKODILOVITCH

Introducción

Estas anotaciones no pretenden ser un artículo científico "de verdad". Se trata más bien de una especie de nota privada para mi uso personal.

Necesito tener la sensación de vivir en un mundo coherente: una especie de autismo. No me interesa su historia; intento forjar una teoría para mí mismo.

Esta teoría es una creencia cuasi-mística, es una necesidad de equilibrio. El concepto al que me refiero es el del equilibrio automático del universo, un universo dentro del cual me siento bien.

De alguna forma, este principio es gracioso: el universo existe (una suma de energías) y no existe (esas energías se cancelan mutuamente) al mismo tiempo. Como decía, no soy un científico, ni un artista, ni un filósofo. Simplemente "soy", como cualquier otro ser o cosa. He aprendido esta actitud de mi difunta perra quien nunca analizaba el mundo, simplemente vivía en él y se adaptaba.

Introduction

These notes do not have the pretension to be a "true" scientific paper. It is rather a sort of private note for my own use.

I need the feeling of living in a coherent world: it is a sort of autism. I am not interested in its history; I try to forge a theory for myself.

This theory is a quasi-mystical belief, a necessity of equilibrium. The concept I refer to is the automatic equilibrium of the universe, a universe wherein I feel well.

The principle is, in a way, funny: the universe both exists (a sum of energies) and does not exist (those energies cancel themselves mutually). As I mention, I am no scientist nor artist or philosopher. I simply "am", like any other being or thing. I learned this attitude from my late dog, who never analysed the world, simply lived and adapted itself.

La hipótesis

1. Las características más importantes que podemos observar en la naturaleza son procesos. Un proceso es una secuencia de eventos que siguen un orden cronológico. Una secuencia ordenada cronológicamente es lineal, inclusive si está organizada en el espacio: una línea puede llenar el espacio tridimensional. Es lineal porque no podemos leerla de otra forma. También existen lecturas no lineales. Un ejemplo de lectura lineal podría ser el "escáner"; otro, de lectura no-lineal holística, es la fotografía que registra todos los puntos al mismo tiempo sin un orden cronológico.

The Hypothesis

1. The most important features we can observe in nature are processes. A process is a sequence of events that follows chronological order. A chronologically ordered sequence is linear, even if arranged in space: a line can fill three-dimensional space. It is linear, as we cannot read it otherwise. There exists also non-linear reading. An example of linear reading could be the "scanner", another, for non-linear holistic reading is photography, recording all points at the same instant, without chronological order.

Un registro lineal de un proceso hace uso de una codificación: para reconstruir la imagen del proceso registrado por la secuencia, tenemos que decodificarlo. Codificación y decodificación son características tan viejas como la humanidad.

2. En muchos campos de la ciencia, las matemáticas se utilizan para codificar. Pero hay algunas dificultades: los códigos matemáticos son apropiados para describir procesos regulares. Las matemáticas, esencialmente un sistema complejo de abreviaciones, se usan generalmente para presentar "resultados" que son abreviaciones definitivas. La mayoría de los procesos no tienen la regularidad para poder ser abreviados de esa forma. Por ejemplo, un texto literario puede transcribirse, utilizando códigos matemáticos, en secuencias numéricas, pero esas secuencias, aunque se decodifiquen literalmente, no pueden traducirse en fórmulas matemáticas.
En matemáticas, no se conoce ningún sistema, ninguna aritmética de secuencias.

3. Imaginemos una aritmética de secuencias. Sería el manejo apropiado de secuencias escritas con una hilera de dígitos, una técnica que los ordenadores implementan. ¿Pero, qué operaciones matemáticas podemos realizar con una secuencia semejante? Obviamente, podemos "re-codificarlas" en secuencias análogas (así es como los ordenadores traducen textos a un lenguaje diferente o a textos hablados), pero eso no es una operación matemática.
¿Qué significaría, por ejemplo, la suma, la resta, la multiplicación o la división de una secuencia con otra secuencia? La suma, la multiplicación, etc. de secuencias que están formadas por el listado cronológico de fases de un proceso, o la suma, división, etc. de textos literarios pueden ser efectuadas por un ordenador, pero no parecen tener ningún sentido al ser leídas. (Pueden utilizarse, eventualmente, para la criptografía).

A linear recording of a process makes use of a coding: to reconstruct the image of the process recorded by the sequence we have to de-code it. Coding and decoding are features as old as humanity.

2. In many fields of science, mathematics is used for coding. But there are some difficulties: mathematical codes are appropriate for describing regular processes. Mathematics, essentially a complex system of abridgements, is used generally for presenting "results", ultimate abridgements. Most processes don't have the regularity to be abridged that way. For example, a literary text can be transcribed using mathematical coding into numeric sequences, but such sequences, even if literally decoded, cannot be translated into mathematical formulas.
We don't know, in mathematics, any system, any arithmetic of sequences.

3. Let us imagine an arithmetic of sequences. It would mean the appropriate handling of sequences written in the form of a row of digits, a technique computers implement. But what mathematical operations can we perform with such digital sequences? We can, obviously, "re-code" them into analogue sequences (that is how computers translate texts into a different language or into spoken texts), but that is no mathematical operation.
What would mean, for example, addition, subtraction, multiplication or division of a sequence with another sequence? Addition, multiplication, etc. of sequences consisting of chronological listing of phases of a process, or addition, division, etc. of literary texts can be effectuated by a computer, but it seems to be meaningless for reading. (It can be used, eventually, for cryptography.)

4. Pero puede que haya posibilidades para una aritmética de secuencias. Mencionaré un ejemplo práctico, el de una partitura musical.

Ésta consiste en instrucciones ordenadas cronológicamente para músicos que tocan varios instrumentos. Interpretaré tal partitura siguiendo unas cuantas reglas simples:

a) un ritmo acordado como una escala común de tiempo.

b) un número de dimensiones independientes, las de cada instrumento: cada uno estos instrumentos musicales no puede substituirse por cualquier otro.

Estas reglas hacen posible la presentación de una partitura musical como la suma de varias secuencias independientes. Los resultados parciales de esta operación son "secciones instantáneas" (secciones verticales) de la partitura: llamamos a estas secciones "armonía", "acordes" de sonidos que se oyen en un mismo instante.

La lectura de la partitura en la misma escala de tiempo presenta el contenido esencial de la partitura: la "melodía", una secuencia de "acordes".

4. But, there might be ways for sequence-arithmetic. I will mention one practical example, that of a musical score.

It consists of chronologically ordered instructions to musicians playing various instruments. I will interpret such a score following a few simple rules:

a) a convened rhythm as a common scale of time.

b) a number of independent dimensions, those of each instrument: any of these musical instruments cannot be substituted for another one.

These rules permit the presentation of a musical score as the addition of several independent sequences. Partial results of this operation are "instant sections" (vertical sections) of the score: we call these sections "harmony", "accords" of sounds heard at the same instant.

Reading the score along the common time-scale presents the essential content of the score: the "melody", a sequence of "accords".

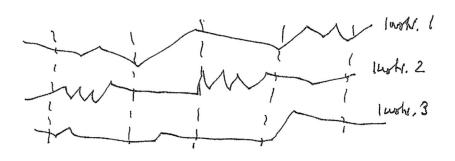

Este ejemplo podría esclarecer la praxis de la aritmética secuencial. Tenemos muchos otros ejemplos similares, como las grabaciones en DVD. Son secuencias lineales operacionalmente hablando, pero son multi-dimensionales en el mismo sentido en que una partitura musical es multi-dimensional.

This example could clarify the praxis of sequential arithmetic. We have many other similar examples, like DVD recordings. There are, operationally linear sequences, but they are multi-dimensional in the same sense a musical score is multi-dimensional.

5. Podemos, como los científicos, considerar la "observación" como una lectura unidimensional de una "realidad" multidimensional, o mejor aún, como la "suma" de secuencias lineales unidimensionales presentadas en un orden cronológico simultáneo. Esta técnica nos permite la descripción secuencial de procesos como la suma de secuencias lineales independientes organizadas cronológicamente que presentan eventos de "dimensiones" diferentes formando un proceso. Estas secuencias pueden relacionarse entre sí por vínculos (como lo que llamamos "acordes" en el ejemplo de las partituras musicales).

Una presentación así podría contener simultáneamente diferentes tipos de secuencias de diferentes "dimensiones": por ejemplo, en el caso de la "observación", una secuencias de observaciones "dentro de mí" (considerándome el "instrumento" de observación) y "fuera de mí" (el sujeto efectivo de observación). Obviamente, sumar significaría relacionar estas secuencias (o separarlas) a lo largo del tiempo, base de la cronología.

5. We can consider "observation", as considered by sciences, like such one-dimensional lecture of multi-dimensional "reality", or better, as the "sum" of one-dimensional linear sequences presented in simultaneous chronological order. This technique permits us the sequential description of processes in the form of the addition of chronologically ordered independent linear sequences presenting events of different "dimensions" forming a process. These sequences can be related among them by links (like what we called "accords" in the example of musical scores). Such a presentation could contain, simultaneously, different kinds of sequences, of different "dimensions": for example, in the case of "observation", a sequence of observations "within myself" (considering myself as the "instrument" of observation) and "outside of myself" (the effective subject of observation). Obviously, addition would mean to relate these sequences (or separate them) along time, base of the chronology.

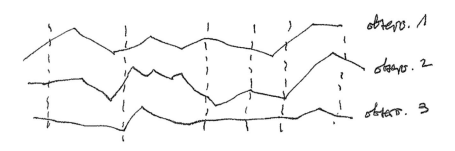

6. Estas consideraciones pueden hacer surgir muchas cuestiones que no han sido exploradas en lo concerniente a la aritmética secuencial. Por ejemplo, ¿cuáles podrían ser los resultados de cambiar algunas secuencias en el "tiempo"? ¿Cuáles los de cambiar la interpretación de dimensión?

6. These considerations can bring up many actually unexplored questions concerning sequential arithmetic. What, for example, could be the results of shifting some sequences in "time"? Those of changing the interpretation of one dimension?

Con referencia a caso de la partitura musical, esto significaría que, por ejemplo, el primer violín estaría retardado respecto a los otros instrumentos o que los instrumentos de viento tocarían la línea del arpa.

Otro ejemplo hace referencia a la grabación del DVD (en la que cada dígito tiene un valor posicional que significa una instrucción particular, como la intensidad de la luz, un color particular o un sonido). ¿Cómo se vería un DVD si el sonido lo leyera el detector de color o viceversa?

7. Me gustaría desviarme por un momento de la línea principal de estas reflexiones. La importancia excepcional del tiempo, como referencia básica al orden cronológico de las secuencias, subyace en todas ellas.

Pero, de hecho, en la realidad física también podemos considerar el "tiempo" como la dimensión principal, la única variable independiente.

Así pues, no es extraño que describamos el espacio a través del tiempo al referirnos a una velocidad convenida. "Una caminata de una hora" describe una distancia relacionada con nuestra velocidad al caminar, un año-luz significa una distancia en relación a la velocidad de la luz. Si conviniésemos una referencia común de velocidad, todas nuestras observaciones podrían describirse con el tiempo como única variable. Un "sensor" que se refiera a un marco de coordenadas "temporales" podría, eventualmente, armonizarse con el tiempo de referencia que define la cronología utilizada para la notación.

De este modo, esta cronología se referiría al espacio-T (este término que utilizo no debe ser confundido con el "espacio-tiempo" utilizado por los físicos -por cierto, los dos conceptos no se contradicen-); podría ser más fácil presentar secuencias de eventos dentro de un fondo unitario.

Referring to the example of a musical score, this would mean that, for example, the first violin retarded in respect of the other instruments, or that the wind instruments play the line of the harp.

Another example, refers to the DVD recording (wherein each digit has a positional value, signifying a particular instruction, like light intensity, or a particular colour, or a sound). How would a DVD record look, if the sound were read by the colour-detector, and vice-versa?

7. I would like here to deviate, for a moment, from the main line of these reflections. Underlying them all is the exceptional importance of time as basic reference to the chronological order of the sequences. But, indeed, in physical reality we can also consider "time" as the main dimension, the only independent variable.

Indeed, it is not unusual for us to describe space through time, referring to a convened speed. "One hour walk" means a distance related to our walking speed, a light-year means a distance related to the velocity of light. If we convene for a common reference speed, all our observations could be described with time as the only variable. A "sensor" referring to an "all-in-time" coordinate frame could, eventually, be harmonised with the reference time defining the chronology used for the notation.

Thus such chronology would refer to T-space (I use the term to not be confused with "space-time" as used by physicists -by the way, the two concepts don't contradict each other-), it might be easier to present event-sequences within a unitary background.

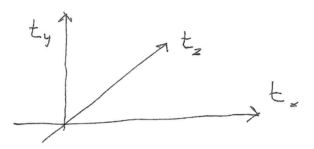

Podría imaginarme un sistema de coordenadas basado en el tiempo que consista en tres dimensiones temporales: tx, ty y tz. Un marco de referencia tal podría contener información suficiente para presentar aspectos de un espacio-tiempo tetradimensional, permaneciendo técnicamente tridimensional al mismo tiempo. El tiempo podría entonces contenerse en los mismos ejes que representan el espacio, o, más exactamente, los tres ejes temporales contendrían la información necesaria sobre el espacio.

8. Volviendo a las secuencias lineales ordenadas cronológicamente, a menudo estas parecen "erráticas". (Utilizo el término "erráticas" para describir secuencias en las que no hay forma de predecir el curso que seguirán, utilizando el conocimiento de todos los términos precedentes.)

Pero "erráticas" no significa "desordenadas". Sólo significa que hay un orden en la base de la secuencia para el que, sin embargo, no nos podemos imaginar ninguna regla y, por lo tanto, todos los cálculos de probabilidades son ineficaces.

Llamo a ese tipo de situaciones, de orden "complicado". El orden complicado no puede reducirse a formulaciones matemáticas. Inclusive la taxonomía no ofrece una clave. Pero, orden complicado no es desorden; significa un orden que no es percibido, aún cuando se tiene una observación intuitiva. Es un "orden arbitrario". Hay muchos ejemplos de órdenes complicados. El orden alfabético es uno de los más comunes. El orden

I could imagine a time-based coordinate system consisting of three time-dimensions: tx, ty and tz. Such a reference frame could contain information sufficient to present aspects of four-dimensional space-time, staying, at the same time, technically three-dimensional. Time could thus be contained in the same axes that represent space, or more exactly, the three time axes would contain the necessary information about space.

8. Coming back to chronologically ordered linear sequences, it is often the case that they seem "erratic". (I use the term "erratic" for sequences where there is no way to predict, making use of the knowledge of all preceding terms, the term that will follow.)

But, "erratic" does not mean "disordered". It means only that there is an order at the base of the sequence, but for which we cannot imagine any rules, and therefore all probability calculations are ineffective.

I am calling that kind of situations "complicated" order.

Complicated order cannot be reduced to mathematical formulation. Even taxonomy does not offer a key. But, complicated order is not disorder, it means an order that is not perceived, even when one has an intuitive observation. It is an "arbitrary order". There are many examples of complicated order. Alphabetic order is one of the most frequent ones. Alphabetic order cannot be

alfabético no se puede deducir, sólo puede aprenderse "de memoria". Pero, al mismo tiempo, es un orden estricto, completamente velado para alguien que no lo conozca. El orden "complicado" no es necesariamente "complejo". La "complejidad" significa que los términos de un conjunto están ligados mutuamente. Una vez que se conocen las reglas, la "clave", la complejidad puede volverse sencilla.

Las relaciones que unen los términos de un sistema de orden complejo pueden ser numerosas; los vínculos entre los términos de un orden complicado pueden ser mínimos. El orden complejo puede deducirse conociendo un conjunto limitado de relaciones. El orden complicado puede construirse eventualmente a través de una infinidad de relaciones. Tomemos como ejemplo una novela. Una parte de sus vínculos, como el vocabulario, la gramática, la información de fondo, la hacen un conjunto de orden complejo. Pero el texto en su totalidad, con sus asociaciones, declaraciones que no se formulan, experiencia individual, es un orden complicado. Complicado, pero no desordenado.

9. Los ordenadores pueden decodificar textos complejos, pero no pueden decodificar textos complicados. Eventualmente, los ordenadores pueden construir textos complejos, o incluso textos erráticos, por ejemplo, utilizando la técnica de construcción aleatoria (esto es imaginable, aunque no ha sido explorado realmente). Sin embargo, para construir un orden realmente complicado, los ordenadores no son la herramienta apropiada. La única herramienta para construir un orden complicado es el cerebro humano (hasta donde sabemos). Posiblemente, todos los seres vivos pueden hacerlo: la vida misma es un orden complicado. El orden complicado es arbitrario. Cualquier observador puede proyectar sobre el conjunto observado el orden que quiera, reemplazando el desorden observado con su particular orden complicado.

deduced, it can only be learned "by heart". But, at the same time, it is a strict order, completely untransparent for somebody who does not know it.

"Complicated" order is not necessarily "complex". "Complexity" means that the terms of a set are linked mutually. Once you know the rules, the "key", complexity might become simple.

The relations linking the terms of a system of complex order might be numerous; the links between the terms of complicated order might be a minimum. Complex order can be decided by knowing a limited set of relations. Complicated order can be related, eventually by an infinity of relations. Let us take for example a novel. Part of the links, representing vocabulary, grammar, background information, make it a set of complex order. But the entire text, with associations, unformulated statements, individual experience, makes it complicated. Complicated, but not disordered.

9. Computers can decode complex texts. They cannot decode complicated texts.

Computers, eventually, can construct complex texts, or even erratic texts, for example, using the technique of random construction (this is imaginable, even if not really explored). But, for constructing really complicated order, computers are not the appropriate tool. The only tool, for building complicated order is the human brain (as far as we know). Possibly, all living beings can do: life itself is complicated order. Complicated order is arbitrary. Any observer can improve onto the observed set any order he wants, replacing the observed disorder with his own unique complicated order.

10. Después de estos preliminares, me gustaría describir, de manera tentativa, mi "imagen del mundo".

Creo que todo ser vivo, o inclusive todo, tiene su propia imagen del mundo, un conglomerado de su visión de un "afuera" relacionado con una eventual visión de "adentro". No soy científico, artista o filósofo. Mi imagen del mundo es algo así como la de un niño: un recién nacido no diferencia entre "afuera" y "adentro". Para él, todo es "adentro": no tiene frío, siente "estoy frío", o "estoy caliente", etc. Aún más, compararía mi imagen del mundo con la de un perro: registra un estado de las cosas. No busca "leyes de la naturaleza" racionales; lo máximo que puede concebir son "principios", sin buscar pruebas. Aún si mi imagen del mundo es parecida a la de un perro, también hay algo "humano" en mí: busco coherencia, trato de evitar la contradicción, o más bien la auto-contradicción. Así que busco "principios" con el mínimo posible de contradicción.

11. Considero que algunos de estos principios tienen validez universal.

El primero y –pienso yo– el más fundamental de todos es también una creencia. El principio de equilibrio universal, puede ser visto también como la única ley de la naturaleza. Pero no se puede probar. Este principio es simple: el universo siempre está en total equilibrio. El desequilibro es, por principio, imposible.

Puede describirse también con una fórmula: toda la energía manifiesta se relaciona con el movimiento, así que tiene una dirección (puede describirse como un vector). La suma global de la energía vectorizada manifiesta es 0.

$$\sum \vec{E} \rightarrow 0$$

Esto implica que la energía, al ser vectorizada, se cancela a sí misma. Este principio puede relacionarse con la ley newtoniana de la acción y la reacción.

10. After these preliminaries I would like to describe tentatively my own "world-image".

I think that every living being, or even everything, has its own world-image, a conglomerate of its view of an "outside" related to an eventual "inside" view. I am not scientist, artist or philosopher. My world image is somewhat like that of a child: a newborn does not differentiate between "outside" and "inside". For it, everything is "inside": it has not cold, it feels "I am cold", or "I am warm", etc. I would compare my world-image even more to that of a dog: it registers a state of things. It does not look for rational "laws of nature", the most it can conceive are "principles", without looking for proofs.

If my world-image is similar to that of a dog, I have also something "human" in me: I look for coherence, try to avoid contradiction, or rather self-contradiction.

So I look for "principles" with minimum contradiction.

11. Some of these principles I consider to have universal validity.

The first, and –so I think– the most fundamental of these principles is also a belief. This principle, that of universal equilibrium, might be looked on also as the unique law of nature. But it has no proof. This principle is simple: the universe is, at every instant, in full equilibrium. Disequilibrium is in principle impossible.

It can be worked as well in a formula: all manifest energy is related to motion, thus it has a direction (can be described as a vector). The global sum of vectorialised manifest energy is 0.

$$\sum E \rightarrow 0$$
$$\rightarrow$$

This implies that energy, vectorialised, cancels itself. That principle can be related to the Newtonian law of action and reaction.

En cuanto al principio de la conservación de la energía, está implícito en el principio de equilibrio. Si el principio de equilibrio es una suma vectorial, el principio de conservación es su corolario escalar:

$$\sum |E| = S$$

en donde S es un número finito.

El equilibrio puede considerarse como un tipo especial de simetría. Cada ecuación significa un equilibrio que "gira" en torno al signo =. Aún más, cada palabra o símbolo permanece en equilibrio con un significado. De alguna forma, "equilibrio" es equivalente a "existencia".

En cuanto a la pareja acción-reacción, en la mayoría de los casos es local: la reacción surge en la proximidad a la acción. El equilibrio, como concepto, no se limita a lo local necesariamente: el evento equilibrador puede ubicarse a gran distancia (en el espacio, seguro, pero también en el tiempo) del evento al que equilibra.

Antes de terminar la lista de principios, me gustaría mencionar un corolario del principio de equilibrio (pero también relacionado con el principio de estética): el de "equivalencia". Es tan simple como los otros: el principio de equilibrio implica que el estado de equilibrio del universo en un momento determinado es reemplazado por otro estado en el momento siguiente: así que el equilibrio del universo forma una secuencia lineal como la descrita arriba.

El principio de equivalencia (un corolario) afirma que no hay un estado de equilibrio preferido: cualquier equilibrio es equivalente a cualquier otro. No hay un equilibrio "final" del universo. El principio de equivalencia, como se formula aquí, es probablemente el más "a-metafísico" de todos: duda del desarrollo orientado, de la teleología de cualquier tipo. Duda de la evaluación darwiniana sobre la evolución: en lugar de la "supervivencia de los más fuertes", observa la "supervivencia de algunos", un proceso un tanto errático.

As for the principles of conservation of energy, it is implied by the equilibrium principle. If the equilibrium principle is a vector-sum, the conservation principle is its scalar corollary:

$$\sum |E| = S$$

where S stays for a finite number.

Equilibrium can be considered as a special kind of symmetry. Every equation signifies an equilibrium "pivoting" on the = sign. Even more, every word, or symbol, stands in equilibrium with a meaning. In a way, "equilibrium" is equivalent to "existence".

As for the couple action-reaction, it is most often local: reaction emerges in the proximity of action. Equilibrium, as a concept, is not necessarily locally limited: the equilibrating event can be situated at great distance (in space, surely, but also eventually in time) from the event it equilibrates.

Before finishing the list of principles, I would like to mention a corollary of the equilibrium principle (but also related to the aesthetics principle): that of "equivalence". It is as simple as the others: the principle of equilibrium implies that the state of equilibrium of the universe at a chosen instant is replaced by another state on the following instant: thus equilibrium of the universe forms a linear sequence as discussed above.

The principle of equivalence (a corollary) states that there is no preferred state of equilibrium: any equilibrium is equivalent to any other. There is no "final" equilibrium of the universe. The principle of equivalence as formulated here is probably the most "a-metaphysical" of them: it doubts about oriented development, about teleology of any kind. It doubts about the Darwinian evaluation of evolution: instead of "survival of the fittest". It observes simply the "survival of some", a rather erratic process.

12. Si el principio de equilibrio y sus corolarios (el de la conservación de la energía y el de la equivalencia) son principios más bien universales que tienen que ver con el "afuera", los otros principios que siguen, elementos de cualquier imagen del mundo, se relacionan más con el "adentro"; son características de la especie "humana".

Son: el "principio de la individualidad", el "principio de la divisibilidad" y el de la "estética". El principio de la individualidad (o el de la "singularidad") afirma que cada evento, observado o imaginado, es único, no puede repetirse ni substituirse sin disminuir su "verdad", su validez. Este principio se resiste a la matematización.

Como el anterior, el principio de divisibilidad es una suposición que, por cierto, puede volverse contradictorio con el de individualidad. Afirma que cada evento puede descomponerse en las partes que lo constituyen. El principio de divisibilidad es seguramente una característica de la especie. Por ejemplo, los ojos de los perros no pueden enfocar con claridad y, por lo tanto, se cree que los perros no distinguen bien las cosas, sino que ven una imagen nublada. Como no ven cosas diferenciadas, no les dan nombres – como nosotros –, no tienen un lenguaje articulado y no saben contar. Los pájaros tienen ojos precisos y, al parecer, algunas especies son capaces de contar.

En lo que tiene que ver con el tercer principio "relacionado a la especie", el de la "estética", éste afirma que los eventos pueden organizarse arbitrariamente de acuerdo a las emociones y algunos pueden tener una preferencia arbitraria respecto a otros. Otros conceptos "relacionados a la especie": Las ideas de "comienzo" y de "fin" son arquetipos humanos. La secuencia lineal de eventos que forman el universo no tiene un "comienzo" y un "fin". "Leemos" esta secuencia desde un lugar que llamamos "presente" y que cambia. Se puede considerar que las simetrías a cualquier lado del presente, "pasado" o "futuro", se originan a partir de un "principio estético": de sentirnos satisfechos.

12. If the equilibrium principle and its corollaries (that of energy conservation and that of equivalence) are more universal principles, relating to the "outside", the following other principles, elements of any world-image, are more "inside" related, "human" species-characteristics.

These are: the "principle of individuality", the "principle of divisibility" and that of "aesthetics".

The principle of individuality (or that of "uniqueness") states that every event, observed or imagined is unique, cannot be repeated nor substituted without diminishing its "truth", its validity. This principle resists to mathematisation.

The principle of divisibility is, like the preceeding one, a presumption, which, by the way, can be turned into contradiction to that of individuality.

It states that every event can be decomposed into parts constituting it.

The principle of divisibility is surely a species characteristic. For example, dogs' eyes don't focus clearly so dogs don't see – so it is thought – clearly distinct things but, rather, a "foggy" image. As they don't see distinct things, they don't give "names" to things – as we do – and don't have articulate language, and cannot count. Birds have sharp eyes, and some species have invented – so it seems – counting.

As for the third "species-related" principle, that of "aesthetics", it states that events can be ordered arbitrarily following emotions, and certain can be preferred, arbitrarily, to others.

Some other "species-related" concepts: The idea of "beginning" and "end" are human archetypes. The linear sequence of events forming the universe has no "start" and no "end". We "read" this sequence from a site we call "present" which is shifting. Symmetries either side of the present, "past" or "future", can be considered to originate from the "aesthetics principle": from our feeling satisfied.

1. El original en inglés utiliza el término *whole* que, como sustantivo, significa un "todo". Se traduce aquí como totalidad para evitar ambigüedades y favorecer la claridad del texto. N.d.T.

(Estaba intentando discutir los principios con mi perro: estuvo completamente de acuerdo. Vive en un estado de equilibrio evidente, sabe que todo es único y puede estar formado de pedazos. Así que la preferencia estética es más que evidente.)

Nota 1

La definición general de las matemáticas (y la aritmética es especial) podría ser la de un sistema de abreviaciones: símbolos que representan un grupo de operaciones. Al utilizar esta definición se hace evidente que se pueden imaginar otras matemáticas diferentes a las dominantes.

Hay ejemplos que pueden iluminar esta afirmación: por ejemplo, el teorema ricardiano utilizado por Gödel para introducir el concepto de "indecidible". Se podrían construir unas matemáticas de indecidibles. Lo mismo se aplica para unas matemáticas que describan el orden complicado (por ejemplo, utilizando estadísticas – tal vez la ciencia informática nos pueda indicar el camino).

Así pues, la "aritmética secuencial" es una operación cotidiana para los ordenadores: grabar una imagen, un texto, etc. es un proceso diferente al de las matemáticas dominantes.

Inclusive [el álgebra] booleano no tienen nada que ver con las cantidades, ni con estructuras abstractas. Este tipo de matemáticas no conservan la marca dominante, pero sí la operación fundamental de abreviación. ¿Y qué decir del lenguaje? No me refiero a la gramática (una estructura), ni a la etimología, etc. Pero, ¿significa el lenguaje escoger qué abreviar? Un surtido de conceptos. ¿Son categorías diferentes las "cosas" y las "acciones" (nombres y verbos)? En algunos lenguajes, sí, en otros, no. Hablo dos idiomas en los que la relación "tener" no existe como verbo. Podemos concebir nuevas matemáticas. Yo no puedo: tiene que ser una operación colectiva. Pero podríamos llegar a necesitarla.

Otra nota más

Todas las matemáticas actuales operan con entidades compuestas de "partes" (ver: principio de divisibilidad). Sin embargo es completamente concebible operar directamente sobre "totalidades"[1] sin partes. Un ejemplo: un ordenador analiza y registra una imagen como un conjunto de componentes. Una cámara fotográfica registra la imagen en su totalidad instantáneamente, sin analizar ninguna de sus partes. ¿De qué podrían tratarse unas "matemáticas de totalidades"? ¿Funcionarían?

Las personas que miran objetos de arte, por ejemplo una imagen, por lo general miran los detalles. Hay pocos (incluyendo al artista) que la ven como una totalidad. Pero una obra de arte es, ante todo, una totalidad. Disculpad.

(I was trying to discuss the principles with my dog: it agreed completely. It lives in a state of evident equilibrium, it knows that everything is unique and can be formed into pieces. So to the aesthetic preference, it is even more than evident.)

Note 1

The general definition of mathematics (and arithmetic is special) could be a system of abridgements: symbols representing a group of operations.

Using this definition it becomes evident that other mathematics than our mainstream one can be imagined.

There are examples that can enlighten this statement: for example, the Richardian theorem used by Gödel to introduce the concept of "undecidable".

There could be built up a mathematics of undecidables. The same for a mathematics describing complicated order (for example, using statistics – maybe computer science can indicate us a way).

Thus, "sequential arithmetic" is an everyday operation for computers: recording an image, a text, etc. is different from mainstream mathematics.

Even Boolian has nothing to do with quantities, neither with abstract structures. These mathematics don't conserve the mainstream brand but the fundamental operation of abridgement.

And what to tell about language? I don't allude to grammar (a structure), to etymologies, etc. But language means a choice of what to abridge? A choice of concepts. Are "things" and "action" (names and verbs) different categories? In certain languages yes, not in others. I speak two languages where the relation "to have", as a verb, does not exist.

We can conceive new mathematics. I cannot do it: it has to be a collective operation. But we might need it.

One more note

All current mathematics operates with entities composed out of "parts" (see: principle of divisibility). But, it is completely conceivable to have operations directly on "wholes" without components.

As an example: a computer analyses and records an image as a set of components. A photographic camera records the same image in one instant as a whole, without analysing any part of it.

What could a "mathematics of indivisible wholes" be? Also could it proceed?

People who look at art objects, for example, at a picture, look generally at details. There are few (the artist included) who see it as a whole.

But a work of art is first of all a whole.

Sorry.

Detalle de la casa de Yona Friedman, 2011

Detail of Yona Friedman's home, 2011

YONA FRIEDMAN
UNA MICRO-MEMORIA

Durante los años 1962-65, el periodo en que fui editor técnico de la revista británica *Architectural Design*, tuve mucho contacto con Yona Friedman. En esa época viajaba a París con frecuencia y cada vez que podía, lo visitaba en su estudio en el 42, Boulevard Pasteur, en donde sosteníamos largas conversaciones sobre una amplia gama de temas, desde Buckminster Fuller hasta la lógica booleana, desde mitología africana hasta la cultura popular india. En ese entonces, Friedman ya había establecido una postura en su propuesta de la *Ville Spatiale* de 1958. Me impresionaron inevitablemente su encanto personal y su inteligencia y me asustó su persistente hostilidad hacia los arquitectos profesionales.

Friedman había sido miembro del GEAM[1], el cual co-fundó en 1957, un año después de la reunión del CIAM X[2] que se llevó a cabo en Dubrovnik en 1956. Friedman firmó el manifiesto del GEAM de 1960 junto con otros arquitectos franceses y alemanes.

A partir de la idea de un tejido social total y flexible, Friedman seguía la misma senda que el joven arquitecto alemán Eckhard Schulze-Fielitz a quien también tuve el placer de conocer en Alemania en 1962. Este 1956 Friedman redactó su manifiesto sobre los diez principios para el planeamiento espacial de las ciudades. En ese texto argumentó que las ciudades se automatizarían, que incluirían la agricultura y estarían compuestas de una superposición de diferentes niveles y usos, que físicamente estarían constituidas como esqueletos estructurales que se irían completando en la medida en que fueran surgiendo las necesidades. Llegó a predecir la urbanización total de la sociedad.

En esa época a Friedman le gustaba mucho comer y tenía la costumbre de llevarme a la calle Vaugirard, a un restaurante cuyo nombre desafortunadamente he olvidado. Fue ahí donde probé por primera vez, a petición de Friedman, un postre con el nombre de *œufs à la neige*[3]. Todo esto estaba cargado de una alegría y un espíritu lúdico muy especial, y que podría resumirse con un aforismo de Friedman: "Creo que existe un arte y es el de la cocina".

Cuando remonto en el tiempo, hay dos obras de Friedman que me impresionan especialmente: la primera, los cubos que realizó para las animaciones basadas en cuentos africanos que, al ser girados en una línea, le permitieron ilustrar y dar movimiento a esas versiones suyas de relatos míticos con la máxima economía de recursos. Aunque nunca vi la película que, bajo los auspicios de la UNESCO, hizo sobre estos mitos, me conmovió profundamente la simplicidad de esos cubos que dieron origen a una serie de dibujos semi-jeroglíficos. La segunda obra que me gustó, fue su proyecto para un puente que atravesaba el canal de La Mancha. En esa obra, me di cuenta de que el formato de esqueleto de refuerzos transversales de la *Ville Spatiale* había sido adaptado y adquirido la forma de una propuesta de ingeniería particularmente convincente y viable. No hace falta decir que este trabajo fue ilustrado con los inimitables dibujos de Friedman que *Architectural Design* publicó por primera vez en la edición de abril de 1963.

— KENNETH FRAMPTON

---

1. *Groupe d'étude d'architecture mobile*.
2. *Congrès International d'Architecture Moderne*. N.d.T.
3. En francés original. N.d.T.

YONA FRIEDMAN
A MICRO-MEMOIR

I had a great deal of contact with Yona Friedman over the years 1962-65, when I was technical editor of the British magazine *Architectural Design*. I was frequently in Paris during those years and whenever I had the opportunity to do so I dropped in on him in his studio at 42, Boulevard Pasteur, where we entered into long conversations ranging over a wide spectrum of topics, from Buckminster Fuller to Boolean logic, from African mythology to popular Indian culture. By that date, Friedman had already defined his essential *parti pris* in his *Ville Spatiale* proposal of 1958. I was forcibly struck by his exceptional charm and intelligence and duly shocked by his unremitting hostility towards professional architects. Friedman had been a founding member of GEAM (*Groupe d'étude d'architecture mobile*), founded in 1957, one year after the CIAM X (*Congrès International d'Architecture Moderne*) meeting in Dubrovnik in 1956. The GEAM manifesto of 1960 had been signed by Friedman in the company of a number of other French and German architects.

Following a total, flexible urban fabric, Friedman was closely aligned at the time to the young German architect Eckhard Schulze-Fielitz, who I also had the pleasure of meeting in Germany in 1962. In 1956 Friedman produced his manifesto about the ten principles of *Ville Spatiale* planning. In this text, he argued that cities will become automated, that they will contain agriculture and comprise a superimposition of different levels and uses, that physically they will consist of structural skeletons that may be filled as needs arise. He went on to predict the total urbanisation of society.

Friedman was a gourmand during this period and he had the habit of entertaining me to amazing grassroots food in the rue de Vaugirard, in a restaurant the name of which I have regretfully forgotten. It is there that I ate, at Friedman's behest, for the first time, a dessert bearing the name *oeufs à la neige*. All of this had a unique ludic joyfulness accompanied by Friedman's aphorism: "I think there is one art and that is cooking."

When I look back, there are two works by Friedman that particularly impressed me: first, his African fairytale blocks which, when rotated in a line, as a permutation, enabled him to illustrate his partially invented fairytales with the greatest economy. While I never saw the film that he had made of these myths under the auspices of UNESCO, I was very touched by the simplicity of these blocks that formed the basis of a series of semi-hieroglyphic drawings. The second work, which I particularly liked, was his project for a bridge across the English Channel. Here, I felt that the cross-braced skeleton format of the *Ville Spatiale* was being adapted to the form of a particularly convincing and viable engineering proposal. Needless to say, this work was illustrated by Friedman's inimitable drawings, which we were able to publish for the first time in the April 1963 issue of *Architectural Design*.

— KENNETH FRAMPTON

EL UNIVERSO ERRÁTICO DE YONA FRIEDMAN

"Arquitectura: saber construir. No sólo unos edificios: el campo de acción es más vasto. Se habla de arquitectura de una novela, de una sinfonía, pero también del cuerpo humano o del derecho romano. El uso del término 'arquitectura' es común también en el ámbito de la informática. 'Arquitectura' también significa ausencia de reglas preestablecidas: es ella misma la que conduce a la creación de reglas. 'Arquitectura' implica una construcción articulada, una construcción suficiente en sí misma".

— YONA FRIEDMAN,
L'ordre compliqué

"Quien tenga experiencia en investigaciones históricas sabe bien cómo, a veces más de lo habitual, las instituciones, los acontecimientos y las ideas casi se condensan y toman consistencia 'en los pensamientos y sentimientos de los hombres', y no se consumen en 'cosas universales y generalizadas'. Intentar representar esos hombres no es fácil, pero merece la pena intentarlo".

— EUGENIO GARIN,
Ritratti di umanisti

"Architecture: know how to build. Not only buildings: the field of action is wider. You can speak about architecture inside a novel, symphony, the human body or Roman law. The use of the word 'architecture' is also common in the computer science field. 'Architecture' means also lack of pre-established rules: it is architecture itself that guides you through the creation of rules. 'Architecture' implies an articulated construction, a construction that is enough in itself".

— YONA FRIEDMAN,
L'ordre compliqué

"Whoever has an experience in historical research knows well the way institutions, events, ideas, sometimes seem more than usually to be condensed and form consistence 'in people's thoughts and feelings', this way they do not get exhausted by 'universal and generalised things'. To try to represent those people is not simple indeed, but it is worth trying".

— EUGENIO GARIN,
Ritratti di umanisti

La obra de Yona Friedman constituye un auténtico desafío para los historiadores y los críticos de la arquitectura. A pesar de que, sin duda, la arquitectura y el urbanismo son sus disciplinas de formación, Friedman se ha ido alejando sistemáticamente de ellas persiguiendo, por instinto o vocación, la definición de problemas que van bastante más allá de dichas disciplinas. La extensión de los campos de acción y de los territorios que ha atravesado, y que sigue atravesando, hace que resulte difícil conferirle una ubicación disciplinar precisa y también ubicarlo dentro de un único contexto nacional.

Además, su incesante actividad como ensayista lo cualifica como un productor de conceptos, un papel que, al menos según Gilles Deleuze, es propio de los filósofos, y sus conceptos se debaten en ámbitos que a veces son irreconciliables entre sí.

Friedman se hizo conocido hacia mediados de la década de 1950, cuando volvió a Europa para propagar su idea de *Architecture mobile*, ganar partidarios y convertirse en uno de los principales protagonistas de aquella época -que Reyner Banham definió como la edad de la megaestructura-[1] que duró aproximadamente una década. Vale la pena, pues, profundizar en algunas experiencias clave, precedentes o que llegaron inmediatamente después de aquella época, para no sólo poder valorar mejor el conjunto de la obra de Friedman, sino, sobre

The work of Yona Friedman is a real challenge for architecture historians and critics: even if architecture certainly is his educational discipline, Friedman has systematically avoided it, going by instinct or vocation of the problem's definition far beyond architecture and urban studies. The broad fields of action and territories that he has crossed and still continues to cross makes it difficult to locate him in a precise area or discipline or even to put him inside a single national context.

Moreover, his inexorable essay-writing activity qualifies him as a producer of concepts, a role that is usually given to philosophers, at least as far as Gilles Deleuze is concerned, so that the Friedmanian concepts are discussed in sometimes irreconcilable areas.

Friedman first became widely known in the mid-1950s. At that time he came back to Europe promoting his idea of *Architecture mobile*, making converts and becoming one of the main protagonists of that epoch that lasted more or less ten years. Reyner Banham has defined that period as the age of the megastructure.[1] Maybe it is worth investigating some key experiences that came before or immediately after that period. This way we can better evaluate not only Friedman's œuvre in all its complexity, but, above all, his concepts that

THE ERRATIC UNIVERSE OF YONA FRIEDMAN

todo, aquellos resultados conceptuales, condensados en su producción escrita, que todavía hoy mucha gente, también entre sus numerosos admiradores más recientes dentro del mundo del arte, desdeñan o ignoran.

En realidad, el momento histórico que atravesamos está particularmente falto de auténticos ensayos teóricos en todos los campos, incluso en filosofía, donde predominan los cronistas en relación a los productores de conceptos. Con Friedman, uno de los autores menos clasificables del siglo xx, se rescata la pluralidad dispersiva de los intereses o se enmascara por el estilo de escritura plano y racional, íntimamente lógico -que, por lo demás, se trata de "un lenguaje simple y accesible a todo el mundo y de una importancia primordial para llegar a la autoplanificación"-;[2] es decir, el tema que más ha guiado su producción teórica. El punto de vista rigurosamente subjetivo, la sinceridad, la temporalidad y la singularidad concreta, el diletantismo antiespecialista, a veces ingenuo y veleidoso, que, sin embargo, permite una adherencia flexible al objeto y a la experiencia vivida: estas son las características principales de Yona Friedman. La unidad de su obra conserva algo de precario, de huidizo y de amenazado, de elegantemente perplejo y comprometido, pero siempre generoso: el compromiso subjetivo y moral (o político) siempre ha empujado al arquitecto de origen húngaro a salirse del territorio asignado a cada ámbito disciplinar específico. También por este motivo, hasta estos momentos a menudo Friedman ha quedado relegado a una nota a pie de página en la historiografía de la arquitectura y en gran parte aún permanecen sin explorar sus múltiples relaciones intelectuales fuera de la arquitectura, que abarcan desde el físico Werner Heisenberg hasta los teóricos del Movimiento situacionista.

Existen, pues, muchos Yona Friedman: el arquitecto, el urbanista, el físico, el técnico, el artista, el informático, el sociólogo, el biólogo, el narrador. Quizá el único modo de analizar su obra y sus ideas sea revisitar, al menos parcialmente, su recorrido biográfico, también porque, como ya es conocido, casi siempre las ideas siguen los pasos de los hombres.

were condensed in essays that are still ignored or spurned by many today, even among his most recent admirers of the world of art.

In fact, the historical moment we're going through is particularly greedy for authentic theoretical essays. This is felt in all fields – even in philosophy, where we find more commentators than concept producers. In Friedman, one of the least classifiable authors of the 20th century, the disorganising plurality of interests is redeemed or concealed by his writing style: slow and rational, intimately logical – in fact "a simple and accessible language for all is of primary importance in order to reach a self-planning".[2] This is the theme that has, above all, been a guide to his theoretical production. The strictly subjective point of view, the honesty, the temporariness and the concrete singularity, the anti-specialist dilettantism, which is sometimes ingenuous and overambitious, make possible a flexible adherence to the object and to the living experience: these are the things that particularly characterise Yona Friedman. The unity of his work maintains something that is temporary, that is evasive and threatened, that is arbitrary and perplexing but in an elegant way, and that still remains generous: his subjective and moral (or political) commitment has always pushed this architect out of the territory assigned to any specific discipline. That is the reason why, until today, Friedman has often been marginalised as a footnote of architectural historiography. His multiple intellectual relations outside architecture still remain unexplored. They range from the physicist Werner Heisenberg to the theoreticians of the Situationist movement.

There are many Yona Friedmans: the architect, the town-planner, the physicist, the technician, the artist, the computer scientist, the sociologist, the biologist and the novelist. Maybe the only way to analyse his work and ideas is to follow, partially at least, his biographical path since, as the Italian proverb goes, "ideas walk on men's legs".

1. Banham, Reyner, *Megastructure. Urban Future of the Recent Past*, Thames & Hudson, Londres, 1976 (versión castellana: *Megaestructuras. Futuro urbano del pasado reciente*, Gustavo Gili, Barcelona, 1978).

2. Friedman, Yona, *Utopies réalisables*, Union générale d'éditions, París, 1975 (segunda edición ampliada publicada por Éditions de l'éclat, París, 2000; versión castellana: *Utopías realizables*, Gustavo Gili, Barcelona, 1977).

1. Reyner Banham, *Megastructure. Urban Future of the Recent Past*, Thames & Hudson, London, 1976.

2. Yona Friedman, *Utopies réalisables*, Union générale d'éditions, Paris, 1975; extended edition, Éditions de l'éclat, Paris, 2000.

ENTRE BUDAPEST Y HAIFA

"Debemos aceptar que lo nuevo no debe ser necesaria e inmediatamente visible; la realidad se transforma por sí misma sin nuestra contribución".

— WERNER HEISENBERG,
Ordnung der Wirklichkeit

Nacido el 5 de junio de 1923 en una familia de la pequeña burguesía judía de Budapest -tanto su padre como su abuelo eran abogados-, Janos Antal Friedman consiguió estudiar en la Escuela de Arquitectura de su ciudad natal en un ambiente fuertemente marcado por el positivismo científico. Aunque las leyes raciales impedían que pudiera titularse, gracias al profesor Ivàn Kotsis, un arquitecto conservador que apreciaba la calidad del estudio, obtuvo un permiso especial para asistir a las clases como oyente. La Hungría de la época gobernada por el almirante Horty, quien conducía un régimen autoritario definido como "falso fascismo" por su filiación con la Alemania nazi, disfrutó, al menos hasta 1944, de una sustancial neutralidad durante la II Guerra Mundial, tanto que muchas actividades cotidianas, como las clases universitarias, podían desarrollarse con regularidad. Durante su etapa universitaria, Friedman logró conocer a algunas personalidades, cuyo único vínculo era el ser solitarios y estar marginados académicamente: el arquitecto Lajos Kozma, ^{Fig. 1} en cuyo estudio Friedman trabajó durante un período en 1943; el físico alemán y Premio

BETWEEN BUDAPEST AND HAIFA

"The new shouldn't be immediately visible, we have to accept that reality gets transformed by itself without our share".

— WERNER HEISENBERG,
Ordnung der Wirklichkeit

Friedman was born on 5 June 1923 in a Jewish family belonging to the Budapest middle classes – his father and grandfather were both lawyers. Janos Antal Friedman had the possibility to educate himself at the architecture faculty of his town. The environment was strongly marked by scientific positivism. Even though it was forbidden by the racial laws for him to get a degree, he obtained special permission as a student auditor thanks to the professor Ivàn Kotsis, a conservative architect who appreciated his aptitude for study. Hungary, under Admiral Horty, had an authoritarian regime, defined as "false fascism" in virtue of its affiliation to Nazi Germany, and could benefit from a substantial neutrality during World War II, at least until 1944. For that reason many everyday activities, such as university courses, could be carried on regularly. So during his university period, Friedman had the chance to know some personalities of great worth, who were connected only by the fact of being solitary or academically marginalised: the architect Lajos Kozma, ^{Fig. 1} in whose studio Friedman worked for a period in 1943; the German physicist

Fig 1. Lajos Kozma, Casa para una familia, publicada en Kozma, Ludwig, *Das neue Haus. Ideen und Versuche zur Gestaltung des Familienhauses mit Zeichnungen und Fotografien eigener Arbeiten*, Girsberger, Zúrich, 1941

Fig 1. Lajos Kozma, House for a family, published in Ludwig Kozma, *Das neue Haus. Ideen und Versuche zur Gestaltung des Familienhauses mit Zeichnungen und Fotografien eigener Arbeiten*, Girsberger, Zurich, 1941

Nobel Werner Heisenberg, quien pronunció en Budapest dos importantes conferencias durante la guerra; y, finalmente, el gran estudioso de la mitología, Károly Kerényi, perseguido por el régimen, quien organizó unos cursos de acceso libre en algunos lugares públicos de la ciudad. Todos ellos jugaron un papel decisivo en la formación de Yona Friedman.

En particular, llevando al extremo el principio de indeterminación formulado por Heisenberg, hay quienes se ven inducidos a creer que toda planificación demasiado rígida está destinada al fracaso de sus objetivos, pues ya no es posible confiar en ninguna ley de la naturaleza, sino que, como mucho, puede asumirse un punto de vista probabilístico. En concreto, esta conclusión tendrá un efecto indeleble en un Friedman que, a sus dieciocho años, asistió a las dos conferencias impartidas en Hungría por el físico alemán y con quien compartiría las conclusiones hasta el extremo de lanzarse a publicar, medio siglo más tarde, un libro sobre una visión antropomórfica de la física con el subtítulo inequívoco de *Et si les lois de la nature ne suivaient aucune loi?*[3]

> *"Heisenberg había ido a Budapest en 1941 para impartir una conferencia en un seminario. Yo todavía estaba estudiando los últimos cursos de la carrera, pero aquel seminario era abierto al público. Naturalmente, me impresionó mucho [...]. Mi carrera en el ámbito de la arquitectura ha estado influenciada por mi aproximación a las confrontaciones de la ciencia y se basa en la importancia fundamental de los comportamientos y las acciones del individuo, absolutamente impredecibles incluso por él mismo".*[4]

Muchos de los grandes físicos del siglo XX sobrepasaron los límites de la actividad científica propiamente dicha e indagaron en las bases metafísicas de sus propias teorías; sin duda, entre ellos Heisenberg fue el ensayista más inquieto e incansable, y sintió la exigencia de enfrentar todos los campos del conocimiento para encontrar constantes verificaciones a sus propias ideas. Ya que Heisenberg no sólo fue el físico que más se sustrajo de aquello que José Ortega y Gasset llamó la "barbarie del espacialismo", sino, paradójicamente, también fue uno de los mejores representantes de la disciplina: durante toda su vida alternó escritos científicos, ligados a la actividad práctica experimental, con otros filosóficos de carácter general.

and Nobel prize winner Werner Heisenberg, who gave two important lectures in Budapest during the war; and, finally, Károly Kerényi, who studied myths. The regime was hostile to Kerényi, because he organised courses in some public places of the town that were accessible to anyone. All of them were crucial to Friedman's education.

In particular, he took to extremes the indetermination principle formulated by Heisenberg, that some are driven to believe that every plan that is too rigid is destined to fail its aims because it is no longer possible to trust any law of nature. At most, it is possible to assume a probabilistic point of view. This conclusion in particular, had an indelible effect on the 18-year-old Yona Friedman. He listened to both of the German physicist's Hungarian lectures and shared his conclusions to the point that he was driven to publish a book concerning an anthropomorphic vision of physics, even if he wrote the book 50 years later, with an unequivocal title: *L'Univers erratique : Et si les lois de la nature ne suivaient aucune loi?*[3]

> *"Heisenberg came to Budapest in 1941 to give a lecture in a seminar. I was still attending the advanced school but that seminar was open to the public. It made a deep impression on me, obviously [...]. My career in the architectural field was influenced by my approach to science and it is based on the fundamental importance that the individual's behaviour and actions have. These things are absolutely unpredictable even for the individual himself".*[4]

A lot of great physicists of the 20th century have crossed the borders of their scientific activity, investigating the metaphysical basis of their own theories. Among these, Heisenberg was certainly the most restless and tireless essayist. He needed to compare himself to all areas of knowledge in order to have his ideas continually verified. So Heisenberg is not only the physicist who most of all has escaped from what Ortega y Gasset called "the barbarism of specialisation" but, paradoxically, he is one of the best representatives of his discipline: throughout his whole life he alternated scientific writings, connected to practical and experimental activity, and philosophical writings that have a general character.

3. Friedman, Yona, *L'Univers erratique: et si les lois de la nature ne suivaient aucune loi?* (prefacio de Dominique Lecourt), Presses Universitaires de France, París, 1994.

4. "Entrevista con Yona Friedman", en Obrist, Hans Ulrich, *Interviews* (vol. I), Charta, Milán, 2003. Véase también la afirmación anterior: "Crecí en un entorno muy positivista, una actitud positivista hacia la ciencia y la fe en la ciencia", en Lebesque, Sabine y Fentener van Vlissingen, Helene, *Yona Friedman. Structures Serving the Unpredictable*, NAi Publishers, Róterdam, 1999, pág. 115 (con una nota de Jean-Louis Cohen).

3. Yona Friedman, *L'Univers erratique: et si les lois de la nature ne suivaient aucune loi?* Presses Universitaires de France, Paris, 1994.

4. "Yona Friedman Interview", in Hans-Ulrich Obrist, *Interviews*. Vol. I, Charta, Milan, 2003; See also his earlier statement: "I grew up in a very positivist environment, a positivist attitude to science and faith in science. Science thinks to be capable to predict," Yona Friedman relates his beliefs and experiences, in Sabine Lebesque, Helene Fentener van Vlissingen, *Yona Friedman. Structures Serving the Unpredictable*, NAi Publishers, Rotterdam, 1999, p. 115.

De hecho, al menos según Gaston Bachelard, la Física determina "una mentalidad abstracto-concreta".[5] Este aspecto también fue objeto de una de las conferencias de Heisenberg en Budapest: la experiencia es una adaptación del pensamiento y resulta imprescindible para la elaboración del pensamiento en sí, que, para cualquier físico, son dos caras de la misma moneda.[6] Los primeros proyectos de Friedman nacieron de las experiencias vividas en primera persona: cohabitación forzosa en un mismo espacio de núcleos familiares de refugiados de la guerra, residencia en alojamientos temporales de bajo coste para nuevos emigrantes, etc.

Si se aplica este razonamiento a la arquitectura, la consecuencia es evidente: antes de organizarse por objetos contrapuestos (los edificios), el ordenamiento de la ciudad debe concentrarse preferiblemente en los sujetos que los determinan; es decir, en los habitantes. Por consiguiente, la relación entre habitantes (sujeto) y edificios (objeto) no es más que un sistema de conexiones regulado por un proceso que debe convertirse en el eje de la actividad arquitectónica.

Y es justamente este el hilo argumental que atraviesa toda la obra teórica y proyectual de Yona Friedman. Los objetos arquitectónicos en sí, su forma y el aspecto puramente profesional de la arquitectura siempre le parecerán temas secundarios, incluso desdeñables.

También la experiencia en el estudio de arquitectura de Lajos Kozma -que en el momento de la ocupación alemana de 1944 debía estar prácticamente sin trabajo- tuvo un valor más pedagógico que profesional. De orientación próxima a la Bauhaus, Kozma fue rechazado en la Escuela de Arquitectura; en otras palabras, tanto Kozma como Heisenberg y Kerényi representaban un modelo de intelectual que llevaba adelante sus propias ideas en solitario y en contra de una opinión pública predominantemente adversa.

Tras la liberación de Budapest en febrero de 1945, Friedman -con el nombre de batalla de "Yona", que después mantuvo-, se salvó de las deportaciones nazis al ser encarcelado por su oposición política y no por ser judío. Afligido por la experiencia de la discriminación y de la disolución de la socie-

In fact physics can determine, at least according to Gaston Bachelard, an abstract-concrete mentality.[5] This aspect was also a topic of one of Heisenberg's two lectures in Budapest: experience is an adaptation of thought and it is necessary for the thought to be elaborated. These are two sides of the same coin for each physicist.[6] Friedman's first projects were born from personal experiences: forced shared-housing of more than one family unit, who were evacuees and refugees, in newly built, low-cost accommodation.

If we apply this way of reasoning to architecture, the consequence is clear: the ordering of a town instead of being organised by juxtaposed objects – the buildings – should better be focused on the determining subjects, the inhabitants. So the relationship between the inhabitants (subject) and the buildings (object) is nothing more than a connection system ruled by a process that should become the centre of the architectural activity.

And that is exactly the thread that crosses the whole theoretical and project work of Yona Friedman. The architectural objects themselves, their form and even architecture's merely professional aspect always seem secondary to him, if not negligible.

Friedman's experience in Kozma's studio, which should have been almost without work in that period close to the German occupation of 1944, had more pedagogical than professional value – Kozma, whose orientation close to the Bauhaus was opposed within the architecture faculty of the university. In other words, Kozma, just like Heisenberg and Kerényi, represented a model of an intellectual who carried out his own ideas in solitude against a mostly hostile public opinion.

Friedman avoided being deported by the Nazis only because he went to prison as a political opponent (with the battle name "Yona", a name that he kept) and not as a jew. After the liberation of Budapest in February 1945, the experience of discrimination and dissolution of the society that he knew made him bitter. He decided to leave Hungary, with the intention of joining Palestine, which at the time was still

---

5. Bachelard, Gaston, *Le Nouvel esprit scientifique*, Alcan, París, 1934 (cuarta edición publicada por Presses Universitaires de France, París, 1946; versión castellana: *El nuevo espíritu científico*, Nueva Imagen, Ciudad de México, 1981).

6. "Al fin y al cabo, todo conocimiento se basa en la experiencia, y este recorrido secular de la adaptación del pensamiento no puede abreviarse de ninguna manera". Heisenberg, Werner, "Ordnung der Wirklichkeit" [El orden de la realidad], en Blum, Walter; Dürr, Hans Peter y Rechenberg, Helmut (eds.), *Werner Heisenberg. Gesammelte Werke* [Werner Heisenberg. Obras completas], Springer, Berlín, 1984, págs. 217-306.

5. Gaston Bachelard, *The New Scientific Spirit*, translated by Arthur Goldhammer, foreword by Patrick A. Heelan. Beacon Press, Boston, 1984.

6. "After all, all knowledge is based on experience and this secular run to adapt the thought can't be shortened in any way," Werner Heisenberg, "Ordnung der Wirklichkeit", in *Werner Heisenberg. Gesammelte Werke*, eds W. Blum, H.-P. Dürr, H. Rechenberg, Springer, Berlin, 1984, pp. 217-306.

FIG 11. Yona Friedman
y Golda Meir, **Ministro
de la Vivienda de
Israel, en Haifa, 1953**

FIG 11. Yona Friedman
and Golda Meir, Israel
Minister of Public
Housing, in Haifa, 1953

dad que conocía, decidió abandonar Hungría con la intención de partir para Palestina, que por entonces todavía se encontraba bajo el Mandato Británico. No obstante, previamente pasó un breve período como prófugo en Bucarest, Rumanía, donde la agencia sionista conseguía obtener con mayor facilidad los visados para la expatriación a Reino Unido:

"Me acuerdo, durante la II Guerra Mundial, de la desesperación de los desgraciados ante la imposibilidad de huir; también recuerdo la primera acción de cada conquistador: establecer barreras. Cuando llegan los libertadores, y con la mayor consternación por parte de los liberados, mantienen las barreras (y una gran parte de ellas todavía existen...)".[7]

En Bucarest empezó a reflexionar y a delinear los primeros proyectos para una arquitectura de la supervivencia, ensamblada con materiales pobres y de desecho, y a pensar sobre la emigración como forma de huelga civil;[8] todos ellos serán temas que volverán de un modo cíclico a lo largo de su obra.

Con veintitrés años recién cumplidos, Friedman llegó finalmente a Haifa FIG. 11 animado por un espíritu de sacrificio y por un idealismo casi absolutos.[9] En 1948 tomó parte en la Guerra de la Independencia del Estado de Israel, y al año siguiente completó sus estudios de arquitectura titulándose en el Technion, el Politécnico de Haifa, ciudad a la que se trasladó con sus padres y donde trabajó como albañil para poder pagarse los estudios.

under the British Mandate. Before then, however, he spent a short period as a refugee in Bucharest, Romania, where it was easier for the Zionist agency to obtain visas for expatriation, which Great Britain tried to block: "I remember the anxiety, during the Second World War, of many poor people for whom it was impossible to escape. I even remember that the first gesture of every conqueror was to raise barriers. The liberated were dismayed, the liberators when they arrived preserved them (and many of them are still standing...)".[7]

In Bucharest he began to consider and outline his first projects for an architecture of survival, assembled with poor and rejected materials, and migration as a form of civil strike,[8] all of them themes that would return cyclically in his work.

Friedman finally arrived in Haifa. FIG. 11 He was just 23 years old, animated by an almost absolute spirit of sacrifice and idealism.[9] In 1948 he took part in the Israeli War of Independence and the following year completed his architecture studies, getting a degree at the Technion, the Israel Institute of Technology in Haifa. Friedman moved to Haifa with his parents, working also as a mason in order to pay for his studies.

7. Friedman, Yona, "Conclusión: una utopía política realizable", en *Utopías realizables*, op. cit., pág. 123.

8. "La migración social representa una especie de huelga perpetua, ya que un individuo que abandona un grupo modifica su estructura". Ibid., págs. 122-123.

9. "Yo conocí Israel en el momento en que todavía era una sociedad muy interesante, una sociedad sin clases basada en la inmigración. Sin embargo, más tarde todo se ha deteriorado". "Yona Friedman", en Brugellis, Pino (ed.), *L'invisibile linea rossa. Osservatorio sull'architettura*, Quodlibet, Macerata, 2009, pág. 22.

7. Yona Friedman, *Utopies réalisables*, op.cit., conclusion.

8. "Migration represents a kind of all-out strike because the individual that leaves a group modifies its structure", ibid.

9. "I've known Israel in a moment in which it was still a very interesting society, there weren't classes there and it was based on migration. But then, very quickly everything deteriorated", "Yona Friedman" in Various authors, *L'invisibile linea rossa. Osservatorio sull'architettura*, ed. P. Brugellis, Quodlibet, Macerata, 2009, p. 22.

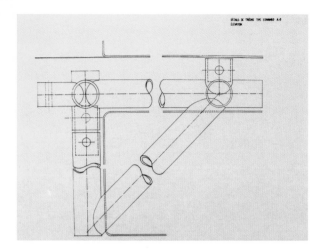

Fig III. Yona Friedman, detalle de una unión de la estructura de la *Architecture mobile*, 1959

Fig III. Yona Friedman, detail of a joint for the structure of the *Architecture mobile*, 1959

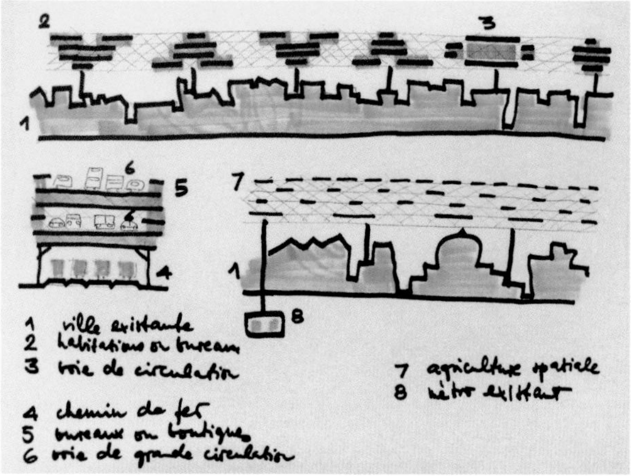

Fig IV. Yona Friedman, estudio para la *Ville Spatiale*, 1959-1962

Fig IV. Yona Friedman, study drawing for the *Ville Spatiale*, 1959-1962

Después de titularse en 1949, comenzó a colaborar en algunos cursos universitarios, pero muy pronto sus investigaciones sobre el reciclaje de algunos materiales constructivos -como las tuberías de los acueductos (*Movable Boxes*: cajas móviles)- y, sobre todo, su interés en la participación de los habitantes en la arquitectura, fueron combatidos por el ambiente académico israelí, que por entonces estaba muy orientado hacia criterios funcionalistas y hacia una rigurosa planificación desde instancias superiores. Sin embargo, a pesar de que arquitectos completamente insensibles a las ideas de Friedman, como Alexander Klein y Alfred Neumann, gozaban de una notable reputación académica (ambos fueron decanos durante unos años), en el curso de 1953-1954 se contrató al alemán Konrad Wachsmann como profesor invitado del Technion. En su curso se mostraban proyectos de estructuras prefabricadas de una escala enorme, estructuras posibles gracias a un complejo sistema de uniones que Wachsmann, en colaboración con Walter Gropius, había comenzado a desarrollar con fines bélicos para la empresa estadounidense General Panel Corporation.

Por entonces Wachsmann ya estaba completamente convencido de la importancia de la prefabricación, en especial en contextos marcados por una emergencia demográfica tras una guerra o una fuerte inmigración.[10]

After getting his degree in 1949, he began to teach on some university courses but very quickly his research on the recycling of building materials, such as the pipelines of aqueducts (*Movable Boxes*) and, above all, his desire that the inhabitants could take part in the architecture, were opposed by the Israeli academic environment, which was oriented towards functional criteria and a strict planning from above. Nevertheless, even if the architects, such as Alexander Klein and Alfred Neumann, were wholly insensitive to Friedman's ideas, he could benefit from their relevant academic weight (both of them were principals for several years). They invited Konrad Wachsmann to Technion as a visiting professor in 1953-54: his course showed projects for prefabricated structures on a huge scale that were made possible by a complex system of joints, which the German architect had begun to develop in the USA for military purposes together with Walter Gropius for the General Panel Corporation.

At the time, Wachsmann was totally convinced by the importance of prefabrication, especially in contexts that were marked by demographic urgency in consequence of wars or very high immigration.[10]

10. Herbert, Gilbert, *Gropius, Hirsch and the Saga of Copper Houses* (parte segunda: *Haifa: The Palestine Prefabs*), Escuela de Arquitectura y Urbanismo de Technion, Haifa, núm. 1, 1980, págs. B1-B22. Herbert, Gilbert, *The Dream of the Factory-Made House. Walter Gropius and Konrad Wachsmann*, The MIT Press, Cambridge (Mass.), 1984.

10. Gilbert Herbert, *Gropius, Hirsch and the Saga of Copper Houses*, Part II, *Haifa: the Palestine Prefabs*, Architectural Documentation Unit, Faculty of Architecture and Urban Planning, Technion, Haifa, Publication No.1, 1980, pp. B1-B22; Gilbert Herbert, *The Dream of the Factory-Made House. Walter Gropius and Konrad Wachsmann*, MIT Press, Cambridge (Mass.) & London, 1984.

FIG V. Yona Friedman, portada de la 2ª edición de *L'Architecture mobile*, 1960

FIG V. Yona Friedman, cover of the 2nd edition of *L'Architecture mobile*, 1960

FIG VI. Yona Friedman, *Paris Spatiale*, 1958   FIG VI. Yona Friedman, *Paris Spatiale*, 1958

La enseñanza de Wachsmann tuvo un impacto fortísimo en la formación de Friedman, así como de los jóvenes arquitectos metabolistas japoneses que asistieron a su curso al año siguiente, cuando fue contratado como profesor invitado en Tokio: [11]

"Los edificios deberían desarrollarse indirectamente como resultado de una multiplicación de células y elementos según las leyes de la industrialización". [12]

El proyecto de Wachsmann que inspiró de una forma más directa la teoría de Friedman para una arquitectura temporal fue un hangar para la Fuerzas Aéreas estadounidenses de 1951. Friedman pensó simplemente poder hacer habitable unas estructuras modulares elevadas y de grandes dimensiones gracias a la inserción de sus "cajas móviles". En particular, utilizó las uniones estructurales [FIG. III] para poner de manifiesto que sus futuros proyectos para la *Ville Spatiale* (1958-1962) [FIG. IV, V, VI] eran realizables y no utópicos. El principio de la *Ville Spatiale* es el de la multiplicación de la superficie originaria de la ciudad por medio de planos elevados, una intensificación urbana que Friedman definirá como una infraestructura espacial. [13]

Wachsmann's teaching had a very strong impact on Friedman's formation, as well as on some young Japanese Metabolist architects, who attended the course the following year when Wachsmann was a visiting professor in Tokyo: [11]

"Buildings should develop in an indirect way, as a multiplication of cells and elements in accordance with the laws of industrialisation". [12]

Wachmann's project that most inspired Friedman's theory of temporary architecture is the one made in 1951 for an American aviation hangar: Friedman simply thought of making it into inhabitable, modular structures of big dimensions, inserting his "movable boxes". In particular, he would use the structural joints [FIG. III] as evidence that his future projects for the *Ville Spatiale* (1958-62) [FIG. IV, V, VI] were achievable and were not utopian. The principle of the *Ville Spatiale* is that of multiplying the original surface of the town by top-elevated levels. Friedman would define this urban intensification as spatial infrastructure. [13]

11. Rouillard, Dominique, *Superarchitecture. Le futur de l'architecture 1950-1970*, Éditions de la Villette, París, 2004, pág. 160, nota 9.

12. Wachsmann, Konrad, "Vom Bauen in unserer Zeit" [La construcción en nuestro tiempo], en *Baukunst und Werkform* [El arte de la edificación y la forma de trabajo], enero de 1957, págs. 26-31; "On Building in Our Time", en *Architecture Culture 1943-1968. A Documentary Anthology*, Ockman, Joan (ed.), Rizzoli, Nueva York, 1993, pág. 267.

13. Friedman, Yona, "Les infrastructures possibles", en *Europäisches Bau-Forum*, núm. 5, 1965, págs. 1029-1030. Se trata de un texto de unas conferencias impartidas en las universidades de Berkeley y de Estrasburgo en 1964. Publicada también bajo el título "Infrastrutture possibili", en *Casabella*, núm. 297, septiembre de 1965, págs. 44-47.

11. Dominique Rouillard, *Superarchitecture. Le futur de l'architecture 1950-1970*, Éditions de la Villette, Paris, 2004, p.160, No.9.

12. Konrad Wachsmann, "Vom Bauen in unserer Zeit", in *Baukunst und Werkform*, January 1957, pp. 26-31; "On Building in Our Time", in *Architecture Culture 1943-1968*. A Documentary Anthology, ed. Joan Ockman, Rizzoli, New York, 1993, p. 267.

13. Yona Friedman, "Les infrastructures possibles", transcript of a conference given in the universities of Berkeley and Strasbourg in 1964, published in *Europäisches Bau-Forum*, No. 5, 1965, pp. 1029-30.

No obstante, Wachsmann ya había sufrido un fracaso en sus ambiciones de estandarización constructiva a gran escala, en particular en la década de 1940, durante su colaboración con Gropius para la empresa General Panel Corporation: las uniones con "cierres mágicos" proyectados por Wachsmann eran ingeniosas y matemáticamente elegantes -Giulio Carlo Argan dijo de ellas que tenían una "perfección técnico-científica"-, pero a veces resultaban extremadamente complejas y exigían una máxima precisión en su ejecución. Para Wachsmann "el estudio de dichas uniones [...] constituye hoy la esencia misma del secreto del arte de la construcción".[14]

Esta concentración excesiva en el detalle de las uniones fue la gran limitación de su repetitividad en la *factory-made house* y fue la raíz de un fracaso, como señaló despiadadamente Reyner Banham:

"En la historia de la construcción prefabricada, la General Panel es sólo un accidente menor, pero en la historia de la arquitectura moderna es un desastre de considerable importancia porque señala otro fracaso de uno de los sueños más acariciados del movimiento moderno".[15]

La prefabricación constructiva en un país joven como Israel, fundado a partir de la inmigración y comprometido en la construcción de nuevas ciudades, fue naturalmente el tema principal al que se enfrentó la cultura local, aunque con orientaciones distintas. Análogamente a los proyectos de casas en serie, y a pesar de todos los esfuerzos por simplificar las uniones, los proyectos de hangares de grandes dimensiones fueron posibles sólo en algunos casos específicos, como en los trabajos para el ejército estadounidense, pero sin duda no resultaban idóneos para su introducción a gran escala. El elevado coste de producción y la complejidad de ensamblaje constituían sus principales limitaciones. La utopía tecnológica de Wachsmann se enfrentaba duramente con la realidad, pues resultaba poco adaptable a las contingencias. Sin embargo, a mediados de la década de 1950, las investigaciones de Wachsmann parecían abrir horizontes constructivos inéditos poblados de exoesqueletos hipotéticamente extendibles que animaban la fantasía de Friedman, de los metabolistas japoneses, de Archigram, de Eckhard Schulze-Fielitz y de todas las neovanguardias de la década de 1960.

Wachsmann, however, encountered the failure of his ambition to standardise buildings on a large scale, in particular in the 1940s, during his collaboration with Gropius in the General Panel Corporation: the joints with a "magic fastening" that Wachsmann planned were ingenious and mathematically elegant – Giulio Carlo Argan has spoken of their "technical-scientific perfection" – but they were often so extremely complicated that they needed a maximum manufacturing precision. For Wachsmann, "studying those joints [...] is just the essence of the secret of building art".[14]

This extreme concentration on the detail of the joints was a limit on their repeatability in the factory-made house and it is also the origin of a failure. This is the scathing observation made by Banham:

"In the history of prefabricated buildings, the General Panel is only a minor accident, but in the history of modern architecture it is instead an important catastrophe because it signs another failure of one of the most cherished dreams of the Modern Movement".[15]

For a young country, like Israel, founded on immigration and committed to founding new towns, the prefabricated building was a principal theme on which the architectural circle used to exchange ideas, even if it did so maintaining different directions. Like the projects for serial houses, or projects of big dimensions such as hangars, even with trying to simplify the joints – which was possible only in some specific cases, such as works concerning the American army –they certainly weren't suitable for introduction on a large scale. The high production cost and the complexity of their assembly were the principal limits. The technological utopia of Wachsmann clashed strongly with reality because it was not very adaptable to the circumstances. However in the mid-50s the German engineer seemed to open up new building horizons populated by eco-skeletons that could be hypothetically extensible and excited the fantasy of Friedman, the Metabolists, Archigram, Schulze-Fielitz and all of the neo-avant-garde of the 60s.

---

14. Wachsmann, Konrad, "Concetti di architettura" (conferencia impartida en el Circolo Artistico de Roma el 11 de abril de 1956), en *Casabella*, núm. 244, octubre de 1960, pág. 41.

15. Banham, Reyner, "I complessi della prefabbricazione", en *Casabella*, núm. 527, septiembre de 1986, pág. 28; publicado también en *Design Book Review*, invierno de 1986.

14. Konrad Wachsmann, "Concetti di architettura", conference given in the artistic circle, Rome, 11 April 1956, published in *Casabella*, No. 244, October 1960, p. 41.

15. Reyner Banham, "The Prefabrication Complexes", in *Casabella*, No. 527, September 1986, p. 28; also published in *Design Book Review*, winter 1986.

L'ARCHITECTURE MOBILE

"Sin duda, la profesión del arquitecto tiende a desintegrarse".

— YONA FRIEDMAN,
L'Architecture mobile

Cuando Yona Friedman participó en el CIAM[16] de Dubrovnik de 1956 como arquitecto israelí no invitado oficialmente, era un completo desconocido. En pocos años su principio de la *Architecture mobile* y sus proyectos de urbanismo espacial serán recibidos con interés y publicados en las principales revistas internacionales de arquitectura, anticipando e influenciado las vanguardias utópicas y radicales así como a los británicos Archigram o a los metabolistas japoneses, pero también a una multitud de figuras de diferente importancia, como muestra el importante ensayo que escribió Kenneth Frampton acerca de las afinidades entre la *Ville Spatiale* de Friedman y el proyecto de Fráncfort-Römerberg de Shadrach Woods y Manfred Schiedhelm de Candilis-Josic-Woods **Fig. VII**.[17]

L'ARCHITECTURE MOBILE

"It is sure that the profession of architect has a tendancy to disintegrate".

— YONA FRIEDMAN,
L'Architecture mobile

When Yona Friedman, an Israeli architect who was not officially invited, took part in the CIAM of Dubrovnik in 1956, he was unknown. From that moment in the space of just a few years, his principle of *L'Architecture mobile* and his projects of spatial urbanism would be welcomed with interest and would be published in the main international architecture reviews. He anticipated and influenced the utopian and radical avant-garde, such as the British Archigram or the Japanese Metabolists, as happened to a multitude of minor and major personalities – look at the important essay by Kenneth Frampton concerning the affinities between the *Ville Spatiale* and the project for Frankfurt-Römerberg by Shadrach Woods and Manfred Schiedhelm of Candilis-Josic-Woods.[16] **Fig. VII**

Fig VII. Schiedhelm y Woods, maqueta del proyecto para Fráncfort-Römerberg, 1963

Fig VII. Schiedhelm and Woods, model of the project for Frankfurt-Römerberg, 1963

16. *Congrès International d'Architecture Moderne*. N.d.T.
17. "Fráncfort-Römerberg comprende una megaestrutura que resuelve el problema de la interrelación con el tejido urbano existente de una forma sorprendente, teniendo en cuenta su complejidad y regularidad [...]. Esta megaestructura se presenta, literalmente, como una ciudad en miniatura, que a lo largo de su perímetro restituye el sentido del espacio urbano de la ciudad en su sentido más tradicional". Frampton, Kenneth, "The Generic Street as a Continuous Built Form", en Anderson, Stanford (ed.), *On Streets*, The MIT Press, Cambridge (Mass.), 1978.

16. "Frankfurt-Römerberg includes a megastructure that solves the problem of the interrelation with the existing urban fabric. It does it in a surprising way, in consideration and as a cause of its complexity and regularity. [...] This megastructure arises literally as a miniature city that, along its perimeter, gives back the sense of the urban space of the town in its more traditional significance", Kenneth Frampton, "The Generic Street as a Continuous Built Form", in Stanford Anderson, ed., *On Streets*, MIT Press, Cambridge (Mass.), 1978.

En el CIAM de Dubrovnik Friedman se encontró con algunos de los arquitectos más jóvenes del Team 10, como Alison Smithson, pero también entabló amistad con otros componentes del grupo, como Günther Kühne, Robert Aujame, Jerzy Soltan, Georges Candilis o Giancarlo De Carlo. No es casualidad que los tres primeros entraran a formar parte del GEAM,[18] que Friedman fundó en 1958 junto a David Georges Emmerich,[19] Jean Pecquet y Jan Trapman. Mientras tanto, a finales de 1957 Friedman abandonó Israel para trasladarse a París, también gracias a la buena acogida que ahí tuvieron sus ideas. El GEAM, que durará hasta 1962, fue el primer grupo de arquitectos europeos que se reunió en torno a Friedman para organizar congresos y exposiciones itinerantes, pero sobre todo para proyectar megaestructuras, que en gran parte eran variaciones sobre el tema de la *Architecture mobile* y su evolución en la *Ville Spatiale*. Friedman hizo circular sus ideas por medio de un ciclostilo engrapado, *L'Architecture mobile*, del que él mismo imprimió cinco ediciones entre 1958 y 1963 sin necesidad de recurrir a un editor, que tuvieron una difusión enorme y en gran medida espontánea.

Resumiendo, el menos en sus inicios, los principios de la *Architecture mobile* son tres:

1. Las nuevas construcciones deben tocar el suelo ocupando el mínimo de superficie.
2. Deben ser desmontables y trasladables.
3. Deben ser transformables a voluntad por el individuo que las habita. Fig. VIII, IX, X, XI, XII

La aplicación de esta teoría a la ciudad generó una larga serie de dibujos que pertenecen al ciclo de la *Ville Spatiale*:

In Dubrovnik, Friedman had disputes with some of the younger architects of Team 10, such as Alison Smithson, but at the same time he forged new and long-lasting friendships with other members, such as Günther Kühne, Robert Aujame, Jerzy Soltan, Georges Candilis and Giancarlo De Carlo, the first three of whom would join GEAM (*Groupe d'étude d'architecture mobile*), which was founded in 1958, together with David Georges Emmerich,[17] Jean Pecquet and Jan Trapman. In the meantime, by the end of 1957, Friedman moved from Israel to Paris also due to the favourable reception of his ideas. The GEAM, which lasted until 1962, was the first time a group of European architects had gathered around Friedman, they organised conventions and travelling exhibitions, but most of all they planned megastructures that were partially variations on the theme of *Architecture mobile* and its evolution in the *Ville Spatiale*. Friedman circulated his ideas in *L'Architecture mobile,* using a cyclostyle duplicator in five privately printed editions between 1958 and 1963. It had a large circulation that was mostly spontaneous.

Summarising, at least at the beginning, the principles of *Architecture mobile* are:

1. new buildings should touch the soil occupying only a minimum surface;
2. they should be dismantled and movable;
3. they should be transformed at pleasure by the individual that lives there. Fig. VIII, IX, X, XI, XII

Applying this theory to a town generated a long series of drawings that belong to the *Ville Spatiale* cycle:

---

18. *Groupe d'étude d'architecture mobile*. N.d.T.
19. De origen húngaro, David Georges Emmerich estaba interesado principalmente en la estructuras "autoportantes" y a finales de la década de 1960 llevó a cabo algunas experiencias de autoconstrucción con sus estudiantes en Marruecos. Véase: AA.VV., *David Georges Emmerich, architecte-ingénieur. Une utopie rationelle*, Éditions HYX, Orleans, 1997.

17. Of Hungarian origin, Emmerich was particularly interested in "self-sustaining" structures. By the end of the 60s he would carry out some experiences of self-building together with his students in Morocco; see Various authors, *David Georges Emmerich, architecte-ingénieur. Une utopie rationelle*, Éditions HYX, Orleans, 1997.

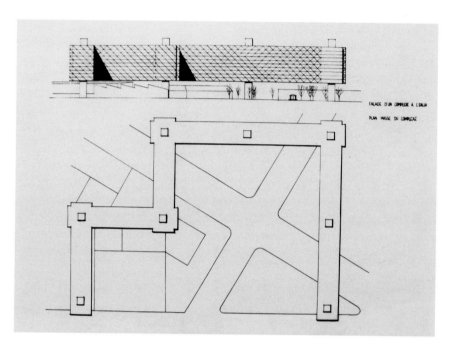

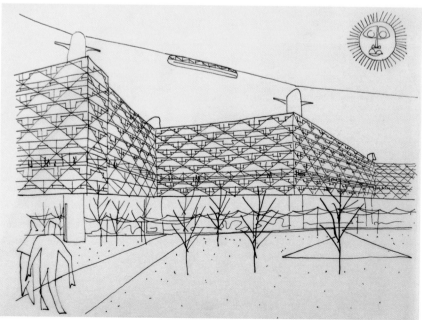

Fig VIII. Yona Friedman, planta y alzado de un *Bloc a l'enjambée*, 1959

Fig IX. Yona Friedman, perspectiva de la *Architecture mobile*, 1959

Fig VIII. Yona Friedman, plant and elevation of a *Bloc a l'enjambée*, 1959

Fig IX. Yona Friedman, perspective of the *Architecture mobile*, 1959

Fɪɢ x. Yona Friedman, fotomontaje urbano de la *Architecture mobile*, 1959

Fɪɢ x. Yona Friedman, urban photomontage of the *Architecture mobile*, 1959

"El principio de la *Ville Spatiale* es el de la multiplicación de la superficie originaria de la ciudad mediante planos elevados. La diferencia, que distingue esta multiplicación de la de la ciudad corriente, obedece al hecho de que la multiplicación de la superficie no pasa por puntos o zonas aisladas (como en Manhattan, en la *Ville Radieuse*, etc.), sino que cubre enteramente la superficie total de la ciudad a varios niveles".[20]

"The principle of the *Ville Spatiale* is that of multiplying the original surface of the town through *top-elevated* levels. The difference that distinguishes this multiplying from the one of ordinary towns resides in the fact that the multiplying of surfaces does not happen in isolated points or zones (like in Manhattan, in the *Ville Radieuse*, etc.) but it covers entirely the whole surface of the town on more than one level."[18]

20. Friedman, Yona, "Ville Spatiale" (1959), en *L'Architecture mobile: vers une cité conçue par ses habitants*, Casterman, París-Tournai, 1970, pág. 134 (versión castellana: "Ciudad móvil – Ciudad Espacial", en *La arquitectura móvil. Hacia una ciudad concebida por sus habitantes*, Poseidón, Barcelona, 1978, págs. 141-142).

18. Yona Friedman, "Ville Spatiale" (1959), in *L'Architecture mobile*, Casterman, Paris-Tournai, 1996.

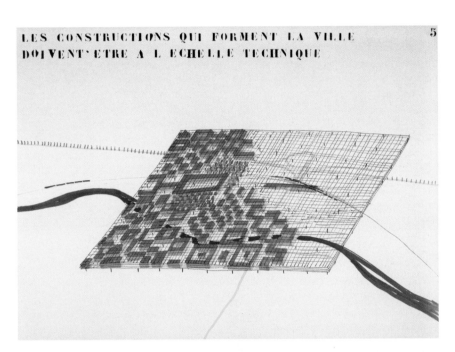

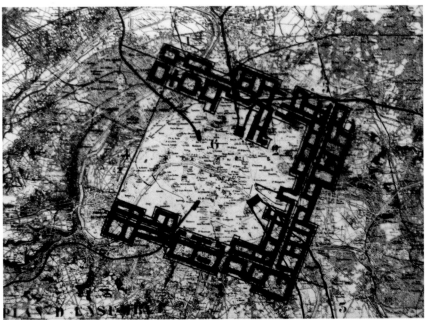

FIG XI. Yona Friedman, *L'Architecture mobile, les principes de l'urbanisme spatial: L'échelle technique*, 1959

FIG XII. Yona Friedman, fotomontaje del plano de la *Ville Spatiale* sobre París, 1960-1964

FIG XI. Yona Friedman, *L'Architecture mobile, les dix principes de l'urbanisme spatial: L'échelle technique*, 1959

FIG XII. Yona Friedman, photomontage of the plan of the *Ville Spatiale* above Paris, 1960-1964

Pocos años más tarde, Peter Cook afirmó: "En realidad, Friedman fue el 'padre' de la megaestructura que puede moverse por todo tipo de terreno".[21]

Como ya hemos visto, Reyner Banham definió la década de 1960 como la edad de la megaestructura; es decir, de la proyección a escala urbana de grandes estructuras polifuncionales y extendibles de alta tecnología.[22] Los participantes de este clima cultural, unos jóvenes y otros no tanto, fueron innumerables tanto en Europa como en Estados Unidos, aunque probablemente la cuna de todo este movimiento fue Japón (Banham hablaba entonces de la "japonización" de la arquitectura moderna).

Some years later, Peter Cook would say: "Friedman in fact has been the Daddy of the megastructure which can move across any kind of terrain".[19]

As we have already seen, Reyner Banham has defined the 60s as the age of the megastructure, it meant projecting on an urban scale huge multifunctional structures that could be extended through technology:[20] the participants of that cultural climate, young people and old, were countless in Europe and the USA, even if the cradle of the whole movement was probably Japan – Banham then used to speak of the "Japanisation" of modern architecture.

<u>Fig xiii</u>. Yona Friedman, vista aérea del Lycée David d'Angers, Angers, 1981

<u>Fig xiii</u>. Yona Friedman, aerial view of the Lycée David d'Angers, Angers, 1981

En su lugar, Manfredo Tafuri localizó una "academia de la utopía" internacional,[23] en la que incluyó sobre todo a Friedman, que por entonces muchos consideraban como un utopista "naif". Además, Rem Koolhaas lo consideró un emblema de las vanguardias neofuturistas despreocupadas de principios de la década de 1960: "El *urbanismo espacial* (1958) de Yona Friedman era emblemático: la Gran Dimensión flota sobre París como un manto metálico de nubes con la promesa de una posible renovación urbana total, pero un poco vaga, que nunca toca tierra, nunca se confronta, nunca reivindica el lugar que le espera. Fue crítica como decoración".[24]

El fin de la etapa de la megaestructura -que también Alan Colquhoun ha denominado irónicamente como "megamoda"- vino determinada, en primer lugar, por su imposibilidad de realización, pero también por la publicación en 1966 de dos textos clave de la cultura arquitectónica del siglo XX, *Complejidad y contradicción en la arquitectura*[25] de Robert Venturi y *La arquitectura de la ciudad*[26] de Aldo Rossi, libros que suscitaron un cambio radical. En consecuencia, la figura de Yona Friedman se vio eclipsada por el mundo de la arquitectura, hasta el punto de casi desaparecer, como tantos otros, por la superioridad de la autonomía disciplinar y la sucesiva temporada del "posmodernismo".

Cuando Friedman llevó a cabo su única obra construida en Francia -el Lycée David d'Angers (1977-1981), Fig. XIII en Angers, un encargo del Ministerio de Educación francés- según un procedimiento experimental de autoplanificación organizado que incitaba a los profesores y a los padres de los alumnos a proyectar la escuela haciendo uso de diagramas en lugar de dibujos, ningún crítico de arquitectura se dio por enterado, y aún actualmente sigue siendo una obra desconocida.

Manfredo Tafuri, instead, would individualise an international "utopia academy"[21] where Friedman most belongs. He was considered by many as an utopian "naive", not least by Rem Koolhaas, who would clearly judge him as the emblem of the thoughtless neo-futurist avant-garde of the early 60s: "Yona Friedman's *urbanisme spatiale* (1958) was emblematic: Bigness floats over Paris like a metallic blanket of clouds, promising unlimited but unfocused potential renewal of 'everything', but never lands, never confronts, never claims its rightful place – criticism as decoration".[22]

With the end of the megastructure era, which Alan Colquhoun also ironically called "mega-mode", determined first of all by the fact that it was not feasible but also because of two key texts on 20th-century architecture that were published in 1966: *Complexity and Contradiction in Architecture* by Robert Venturi[23] and *L'architettura della città by Aldo Rossi.*[24] These two books marked a radical turning point, the figure of Yona Friedman vanished from the architecture world and almost disappeared. This happened to many other personalities with the prevalence of disciplinary autonomy and the succeeding "Postmodern" era.

Between 1977 and 1981, he did his only project built in France, the Lycée David d'Angers Fig. XIII in Angers for the Ministry of Education, according to an experimental, organised self-planning procedure that encouraged the teachers and the parents of the pupils to plan their own school using diagrams instead of drawings. No architecture critic took notice of that work – and it is still totally ignored today.

21. Cook, Peter, *Experimental Architecture*, Studio Vista, Londres, 1970, pág. 104.

22. Banham, Reyner, *Megaestructuras*, op. cit.

23. Tafuri, Manfredo y Dal Co, Francesco, *Architettura contemporanea*, Electa, Milán, 1976, pág. 347 (versión castellana: *Arquitectura contemporánea*, Aguilar, Madrid, 1978).

24. Koolhaas, Rem, "Bigness, or the Problem of the Large", en Koolhaas, Rem y Mau, Bruce, *S, M, L, XL*, The Monacelli Press, Nueva York, 1995 (versión castellana: Grandeza, o el problema de la talla, Gustavo Gili, Barcelona, 2011, pág. 17).

25. Venturi, Robert, *Complexity and Contradiction in Architecture*, The Museum of Modern Art, Nueva York, 1966 (versión castellana: *Complejidad y contradicción en la arquitectura*, Gustavo Gili, Barcelona, 1972).

26. Rossi, Aldo, *L'architettura della città*, Marsilio, Padua, 1966 (versión castellana: *La arquitectura de la ciudad*, Gustavo Gili, Barcelona, 1971).

19. Peter Cook, *Experimental Architecture*, Studio Vista, London, 1970, p. 104.

20. Reyner Banham, *Megastructure*, op.cit.

21. Manfredo Tafuri, Francesco Dal Co, *Modern Architecture*, Electa / Rizzoli; 2nd US edition Milan, 1991, p. 347.

22. Rem Koolhaas, "Bigness or the problem of Large", in Rem Koolhaas and Bruce Mau, *S, M, L, XL*, The Monacelli Press, New York, 1995.

23. Robert Venturi, *Complexity and Contradiction in Architecture*, The Museum of Modern Art Press, New York, 1966.

24. Aldo Rossi, *The Architecture of the City*, MIT Press, Cambridge (Mass.), 1984.

UTOPÍAS REALIZABLES

A partir de la década de 1970 Friedman se concentró en el estudio de la sociedad y su interés por la tecnología poco a poco fue diluyéndose hasta casi llegar a desaparecer,[27] hecho motivado también por no haberse construido prácticamente ninguna megaestructura, ni siquiera parcialmente. Entonces la fe en la técnica fue sustituida por el estudio de las técnicas sencillas, pues stas eran las únicas que podían ser usadas de una forma inmediata por los usuarios no especializados. Para Friedman constituyó un retorno a los orígenes, a sus estudios de alojamientos repetibles de muy bajo coste, los mismos que fueron del agrado de Jean Prouvé en sus primeros años tras su llegada a París: los Refugios cilíndricos y las Cabinas para el Sahara [FIG. XIV, XV, XVI] elaborados entre 1953 y 1957. Entre las décadas de 1970 y 1980, Friedman comenzó a trabajar para la UNESCO y la ONU en una larga serie de proyectos de autoconstrucción en los países del Tercer Mundo. El más importante de todos ellos fue el Museo de tecnología simple, en la ciudad india de Madrás, [FIG. XVII] que llevó a cabo con la ayuda de los habitantes y donde se sirvió de instrumentos de comunicación nuevos, pero sencillos, como los cómics.

Esta fase de la vida intelectual del arquitecto franco-húngaro, estuvo marcada por la enseñanza regular en diversas universidades americanas y por la publicación del libro *Hacia una arquitectura científica*,[28] cuyo foco de atención se desplazó para centrarse en la naciente tecnología informática del diseño asistido por ordenador, y en el que colaboró con el *Architecture Group Machine*, dirigido por el joven Nicholas Negroponte (arquitecto de formación) en el *Massachusetts Institute of Technology* (MIT) de Cambridge.[29]

FEASIBLE UTOPIAS

From the 1970s, Friedman would begin to concentrate on the study of society and his interest in technology would gradually fade until it almost disappears,[25] this certainly happened because no megastructure would ever be achieved, not even partially. Faith in technology was replaced by the study of poor technologies, because those were the only ones that could be immediately used by non-specialist users. For Friedman it meant a return to origins, back to his studies for very low cost and repeatable flats. These were the ones that Jean Prouvé had liked in the very first years of Friedman's arrival in Paris: the Cylindrical Shelters and the Cabins for the Sahara [FIG. XIV, XV, XVI] elaborated between 1953 and 1957. In the 1970s and 80s, Friedman began to work for UNESCO and the United Nations in a long series of projects of self-building in developing countries, the most famous of which is the Museum of Simple Technology in Madras, [FIG. XVII] India, carried out with the inhabitants' collaboration. There they used new but very simple communication tools, such as strip cartoons.

This period of the Franco-Hungarian architect's intellectual life, marked by regular teaching in various American universities, was marked above all by *Towards a Scientific Architecture (Pour un architecture scientifique)*.[26] There he put his attention on the rise in computer-aided design, collaborating with the Architecture Group Machine of the young Nicholas Negroponte (who had a degree in architecture) at MIT in Cambridge, Massachusetts.[27]

---

27. "Cuando comencé a desarrollar mis ideas hice hincapié en la vertiente ingenieril para demostrar que los proyectos eran factibles. Sin embargo, lentamente me percaté que no tenían importancia alguna". Friedman, Yona, en Lebesque, Sabine y Fentener van Vlissingen, Helene, op. cit., pág. 118.

28. Friedman, Yona, *Pour une architecture scientifique*, Belfond, París, 1971 (versión castellana: *Hacia una arquitectura científica*, Alianza Editorial, Madrid, 1973).

29. Negroponte, Nicholas, *Soft Architecture Machines*, The MIT Press, Cambridge (Mass.), 1975. Uno de los prefacios del libro está firmado por Yona Friedman.

25. "When I began to develop my ideas, I put the emphasis on the engineering aspect in order to show that projects could be carried out. But slowly I understood that this is of no importance", Yona Friedman in Sabine Lebesque; Helene Fentener van Vlissingen, op.cit. p. 118.

26. Yona Friedman, *Pour une architecture scientifique*, Belfond, Paris, 1971; Toward a Scientific Architecture, MIT Press, Cambridge (Mass.), 1975.

27. Nicholas Negroponte, *Soft Architecture Machines*, MIT Press, Cambridge (Mass.), 1975, one of the prefaces is signed by Friedman.

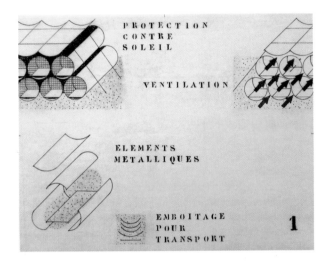

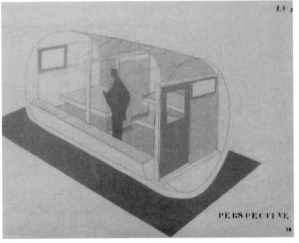

FIG XIV. Yona Friedman, Cabinas del Sáhara, 1958

FIG XIV. Yona Friedman, Sahara-Cabins, 1958

FIG XV. Yona Friedman, sección de una Cabina del Sáhara, 1958

FIG XV. Yona Friedman, section of a Sahara-Cabin, 1958

FIG XVI. Yona Friedman, fotomontaje de las Cabinas del Sáhara, 1958

FIG XVI. Yona Friedman, photomontage of the Sahara-Cabins, 1958

Fig xvii. Yona Friedman dibujando cómics en la fachada del Museo de la tecnología simple de Madrás, India, 1986-1987

Fig xvii. Yona Friedman drawing comics on the facade of the Museum of Simple Technology in Madras, India, 1986-1987

Fue entonces cuando publicó *Utopías realizables*,[30] que puede considerarse un manifiesto retroactivo y, al mismo tiempo, una dura autocrítica de su fase precedente de la *Architecture mobile*, cuyo antecedente fue una exposición celebrada en el Musée d'Art Moderne de la Ville de París.[31] La principal motivación de Friedman para escribir *Utopías realizables* es que "las teorías carecen de reglas que permitan la aplicación". La tesis de partida del libro es clara: toda utopía es realizable si se logra el consenso necesario. En ese sentido, la idea de "utopía realizable" no se encuentra muy alejada del concepto de "entopía" que avanzó Constantinos Doxiadis: el lugar que sa-

Then he published *Utopies réalisables* (Feasible utopias),[28] which might be considered as a retroactive manifesto and at the same time a strong self-criticism of his previous phase, the one of *Architecture mobile*. The antecedent fact was an exhibition shown at the Musée d'Art Moderne de la Ville of Paris.[29] The first reason that induced Friedman to write it was that "theories lack rules that make application possible". The starting thesis of the book is clear: every utopia can be feasible if we reach the necessary consensus. From that point of view the concept of "Feasible Utopias" is not so far away from the one of *entopia* that Doxiadis has put forward:

30. Friedman, Yona, *Utopías realizables*, op. cit.

31. Friedman, Yona, *Une Utopie réalisée* (catálogo de la exposición homónima), Musée d'Art Moderne de la Ville de Paris, París, 1975. Con prefacio de Pierre Restany, este volumen recoge diecinueve años de trabajo de Yona Friedman (1956-1975).

28. Yona Friedman, *Utopies réalisables*, op. cit.

29. Yona Friedman, *Une utopie réalisée*, preface by Pierre Restany, Musée d'art moderne de la Ville de Paris, Paris, 1975; the volume is a summary of 19 years' work 1956-1975.

tisface al soñador y que es aceptado por el científico,[32] donde se encuentran los puntos de vista del artista y del científico. La ciudad, por ejemplo, es la utopía realizada por excelencia: "La ciudad es el armazón material de una sociedad, un armazón que puede representarse bajo la forma de red: calles, cercados, fronteras" e, indudablemente, no es casual que los primeros utopistas -de Platón a Tomás Moro, François Rabelais o Charles Fourier- hayan imaginado sus utopías en forma de ciudad. Como síntesis de organización humana y territorio, la ciudad puede considerarse una utopía realizada, "quizá incluso la primera utopía humana realizada".[33]

En *Utopías realizables* nos encontramos con la formulación de una visión que rechaza los dibujos como ilustración convencional de la arquitectura y que, en su lugar, intenta mantener unidos el principio teórico y la necesidad, elevando esta última a principio absoluto e identificándola con el límite fisiológico del individuo en su relación con las cosas y con los otros, construyendo de este modo una ecología social. Por este motivo Friedman abandonó las fáciles sugerencias de ambientes neutros y continuos y concentró la propia lógica constructiva en la definición de la idea de límite y de dimensión, la teoría del "grupo crítico". FIG. XVIII

the place that satisfies the dreamer and is accepted by the scientist, where the perspectives of the artist and those of the scientist meet.[30] The town is the realised utopia par excellence: "The town is the material skeleton of the society, this skeleton can be represented as if it were a net: streets, enclosures, boundaries." It certainly is not a case that utopians like Plato, Thomas More, François Rabelais or Charles Fourier have imagined their utopia in the shape of the city. The city itself, as a synthesis of human organisation and its territory, might be considered a feasible utopia, "it may even be the first human feasible utopia".

In this book we have to deal with the formulation of a vision that refuses conventional drawings as well as illustrations of architecture. Instead it tries to keep together the theoretical principle and necessity, raising the latter to an absolute principle and identifying it with the physiological limit of the individual to relate to things and to other people. This way he builds a *social ecology*. That's the reason why Friedman abandons the easy suggestions of neutral and continuous environments and concentrates on the definition of the idea of limit and dimension that belong to his constitutive logic, the theory of the "critical group". FIG. XVIII

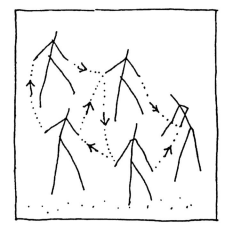

FIG XVIII. Yona Friedman, dibujo del "grupo crítico", del libro *Utopías realizables*, París, Union générale d'éditions, 1975

FIG XVIII. Yona Friedman, drawing of the "critical group", from his book *Utopies réalisables*, Paris, Union générale d'éditions, 1975

32. Doxiadis, Constantinos, *Between Dystopia and Utopia*, Faber & Faber, Londres, 1966, págs. 50-51 (versión castellana: *Entre dystopía y utopía*, Moneda y Crédito, Madrid, 1969).

33. Friedman, Yona, "La ciudad", en *Utopías realizables*, op. cit., pág. 97. N.d.T.

30. Constantinos Doxiadis, *Between Dystopia and Utopia*, Faber & Faber, London, 1966, pp. 50-51.

"Llamaremos *grupo crítico* al mayor conjunto de elementos (hombres, objetos y vínculos) con el que todavía puede garantizarse el buen funcionamiento de una organización con una estructura definida".[34] Indudablemente, en esta idea emergen las experiencias del Friedman arquitecto y carpintero durante la construcción de los primeros asentamientos en Israel -la economía relacional del "grupo crítico" puede atribuirse, al menos parcialmente, a los principios de asentamiento del kibutz- y a la difusión en los Estados Unidos y Europa durante las décadas de 1960 y de 1970 de las comunas, donde pequeños grupos "autogestionaban" su propia existencia sobre bases ideológicas laicas o religiosas. Como es sabido, en aquellos años surgió un gran interés entre los arquitectos, los artistas y los urbanistas por las confrontaciones de la idea de comunidad, entendido como un servicio definido en el que se debe salvar de un golpe la distancia entre el deseo y la satisfacción, sin tener que sufrir los extensos lapsos de tiempo de las reformas políticas de todo el territorio urbano (véase a modo de ejemplo, el libro que roza con lo excéntrico, en la carrera de Liselotte y Oswald Mathias Ungers sobre las comunidades utópicas americanas).[35]

En *Utopías realizables* Friedman abandonó completamente la "utopía universalista" de la aldea global de la década de 1960 -es decir, la utopía cuya realización depende de un impracticable consenso universal- y asumió una postura claramente contraria al entusiasmo -más o menos ingenuo- frente al paradigma de la comunicación global generalizada que había caracterizado gran parte de la cultura arquitectónica, en especial aquella facción más comprometida en la elaboración de la megaestructura. Friedman trató de demostrar que es posible una comunicación generalizada sólo cuando los hechos que hay que comunicar a todo el mundo ya se conocen previamente, lo que equivale a decir que "la comunicación de masas ahoga las nuevas ideas". Únicamente dentro de un "grupo crítico" es posible la forma de comunicación más directa y persuasiva de todas: el cara a cara. Por lo tanto, las utopías, entre ellas las arquitectónicas, sólo son realizables dentro de un "grupo crítico". La marcha atrás respecto a las propuestas de los años del GEAM es evidente, puesto que ningún "grupo crítico" pudo nunca llevar a cabo una ciudad-puente, FIG. XIX aunque quizá sí edificios o partes de una ciudad completamente autoplanificada.

"We'll call *a critical group* the biggest totality of elements with which the well-functioning of an organisation that has got a defined structure can still be defined." Without doubt this idea came out of Friedman's experiences in the period when he was an architect and carpenter in Israel during the construction of the first settlements – the relational economy of the *critical group* refers, partially at least, to the settling principles of the kibbutz – and the spread in the United States and in Europe, in the 1960s and 70s, of communes in which small groups "managed autonomously" their own life on an ideological basis that was secular or religious. It is already known that, in those years, architects, artists and town-planners showed great interest in the idea of community as a defined space where the distance between desire and satisfaction was instantly filled without the need to pass a long period of time on the political reform of the whole urban territory: for example, look at the title of a book that is almost eccentric in the career of Oswald Mathias Ungers, such as the one concerning the utopian American communities. [31]

In *Utopies réalisables,* Friedman completely abandons the "universalist utopia" (which means the utopia whose attainability depends on an impracticable universal consensus) of the global village of the 60s. He thus assumes a position that is clearly against the more or less naïve enthusiasm for the paradigm of generalised global communication that had characterised a lot of architectural culture, especially that part of it more taken up with the elaboration of the megastructure. Friedman tries to demonstrate that generalised communication is possible only when facts that should be communicated are already known before, he means that "mass communication suffocates new ideas". Only inside the "critical group" is it possible to have communication that is the most direct and persuasive of all, this is face-to-face communication, so only inside a "critical group" can utopias be feasible, and among them an architectural one. The backing away from the proposals of the GEAM years is evident, because, for example, any critical group could never build a bridge-city, FIG. XIX but maybe some buildings or some entirely self-planned parts of town could be feasible.

34. Friedman, Yona, "El grupo crítico", en idíb., pág. 38.

35. "El término 'comuna' abarca hoy en día una vasta gama de experimentos comunitarios de van desde las cooperativas de vivienda, creadas normalmente con un fin bien preciso, a las comunas urbanas y autárquicas campestres". Ungers, Liselotte y Oswald Mathias, *Kommunen in der Neuen Welt: 1740-1971,* Kiepenheuer & Witsch, Colonia, 1972 (versión castellana: *Comunas en el nuevo mundo, 1740-1971,* Gustavo Gili, Barcelona, 1978).

31. "The word 'commune' refers today to a vast range of experiments that go from the housing cooperatives, created usually with a precise aim, to the communes of a town, to the self-sufficient communes of the villages", Liselotte and Oswald Mathias Ungers, Liselotte e Oswald Mathias Ungers, *Kommunen in der Neuen Welt 1740-1972,* Kiepenheuer & Witsch, Cologne, 1972, p. 93.

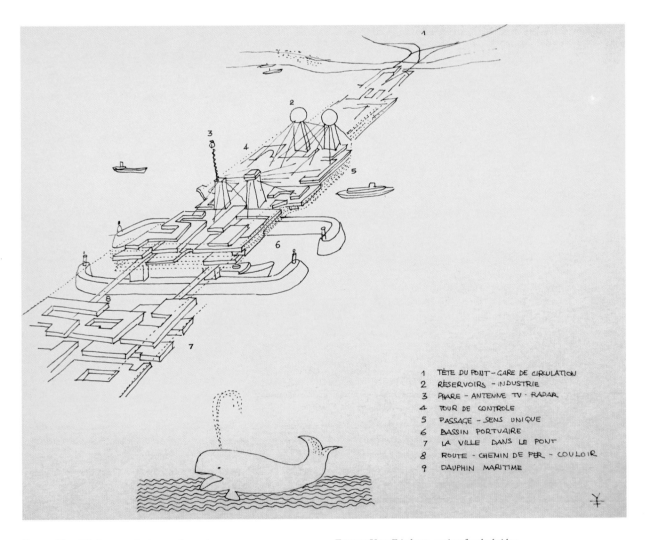

1   TÊTE DU PONT - GARE DE CIRCULATION
2   RÉSERVOIRS - INDUSTRIE
3   PHARE - ANTENNE TV - RADAR
4   TOUR DE CONTROLE
5   PASSAGE - SENS UNIQUE
6   BASSIN PORTUAIRE
7   LA VILLE DANS LE PONT
8   ROUTE - CHEMIN DE FER - COULOIR
9   DAUPHIN MARITIME

FIG XIX. Yona Friedman, projecto para el puente
sobre el Canal de La Mancha, ca. 1962

FIG XIX. Yona Friedman, project for the bridge
over the Channel, ca. 1962

Además, las ideas sobre la participación que explica Friedman en su pequeño tratado a mediados de la década de 1970 no están aisladas: desde hacía ya unos años tuvieron una discreta difusión movimientos como el *Bottom-Up Urbanism* o el *Advocacy Planning*, que aumentaron el grado de participación de los habitantes en los procesos de decisión urbanística (al igual que en la ciudad italiana de Terni, Giancarlo De Carlo intentaba dar forma a su personal arquitectura participativa en su aldea Mateotti, una arquitectura que desafortunadamente era "difícil de definir con precisión y aún más difícil de lograr").[36]

Contrario a esta tradición, que, como es sabido, no logró conseguir completamente todos sus fines, Friedman desarrolló sus utopías realizables "antiutópicas", no sólo como protesta y contrapropuesta a los procesos institucionales de decisión pública, sino como una teoría que formulaba una clara hipótesis de autogobierno no federal. De hecho, la fórmula federativa fue motivo de disputas, mientras que la presencia conjunta en un mismo territorio de "grupos críticos" diferentes y no comunicantes garantiza la convivencia pacífica para que "la clausura de los grupos aumente la tolerancia recíproca: dado que no puede aumentarse el número de sus miembros, la comunidad no intenta ganar partidarios (principal motivo de conflicto entre los grupos) sin que se comporten como sociedades secretas (segundo de los motivos habituales de conflicto)".

Friedman se situaba inconscientemente a la estela del auspicio que el urbanista Martin Meyerson había formulado una década atrás: *"La planificación, como la utopía, describe una situación futura ideal, pero a diferencia de la utopía, precisa de unos instrumentos para realizarla [...]. Las formulaciones utopistas desvinculadas de la producción y de la tecnología podrán pasar de una visión autoritaria de la personalidad humana a una visión abierta, tolerante; de una concepción estática de la tendencia a la centralización a una idea de descentralización que satisfaga muchas aspiraciones minoritarias".*[37]

Aquí reside justamente el momento crucial de este ensayo sin imágenes: haber teorizado de una forma sencilla y accesible la propuesta de un gobierno del territorio recurriendo al principio fisiológico de la necesidad, separando así todas las utopías megaestructurales y las minuciosas elaboraciones matemáticas de *Hacia una arquitectura científica* y evitando la complaciente rigidez de las utopías sociales del pasado.

The ideas of participation that Friedman expresses in his small treatise, in the mid-70s, were not isolated: movements like *Bottom-up urbanism* or *Advocacy planning* had been moderately diffused for a long time. They tended to increase the level of participation of the inhabitants in the town-planning decision-making process. Similarly, in Terni, Giancarlo De Carlo was trying to give a form to his personally participated architecture, unfortunately it was "difficult to be defined properly and at the same time it was more difficult to be realised properly".[32]

Friedman in contrast to this tradition, which, as we well know, has never completely achieved its aims, develops his "anti-utopian" Feasible Utopias. It is not only a protest or a counterproposal towards the institutional processes of public decision making, it is also a theory that formulates a clear hypothesis of non federal self-governance. The federal formula is a cause for wars while the presence of various critical and non-communicating groups in the same territory assures peaceful living together because "the *closing* of the groups increases the reciprocal tolerance: because of the fact that the number of its members cannot increase, the communities do not try to have proselytes (that's a principal reason of conflict between groups) without behaving as secret societies (that's the second usual reason of conflict)".

Friedman put himself unconsciously in the wake of the wish that the urban designer Martin Meyerson had formulated almost ten years before:
"Planning, just like utopia, describes a future and ideal situation, but differently from utopia, it gives precise instruments to make it possible [...]. The utopian formulations, freed from production and technology, can simply pass from an authoritative vision of human personality, to an open, tolerant, vision; from a statistical conception of a centralisation trend, to an idea of decentralisation that may satisfy many minority aspirations".[33]

That is exactly the turning point of this essay without pictures, it theorised in a simple and accessible way the proposal of a government of territory using the physiological principle of necessity, putting aside all of the technological and megastructural technologies and the detailed mathematical elaborations of the text *Towards a Scientific Architecture* and avoiding the satisfied rigidity of the past social utopia.

---

36. Frampton, Kenneth, *Modern Architecture: A Critical History* [1980], Thames & Hudson, Londres, 2007 (versión castellana: *Historia crítica de la arquitectura moderna*, Gustavo Gili, Barcelona, 2002, pág. 293).

37. Meyerson, Martin, "Utopian Traditions and the Planning of Cities", en Rodwin, Lloyd (ed.), *The Future Metropolis*, Braziller, Nueva York, 1960, págs. 233-249 (versión castellana: "Tradiciones utópicas y planificación de ciudades", en *La metrópoli del futuro*, Libreros Mexicanos Unidos, Ciudad de México, 1964).

32. Kenneth Frampton, *Modern Architecture: A Critical History*, Thames & Hudson, London, 4th ed. 2007.

33. Martin Meyerson, *Utopian traditions and planning of the cities*, Joint Center for Urban Studies of the Massachusetts Institute of Technology and Harvard University, 1961.

ARTE CONTEMPORÁNEO

"La ausencia de un empuje utópico es casi tan grave como una sobredosis de él".

— REM KOOLHAAS
Dilemmas in the Evolution of the City

De unos diez años hasta la fecha, Friedman ha conocido una nueva notoriedad. El círculo artístico contemporáneo, con sus acontecimientos cíclicos como las bienales y sus puntos fijos como los museos, le invitan continuadamente a montar pequeñas exposiciones, a crear instalaciones colectivas con la ayuda de estudiantes, a editar publicaciones, a participar en vídeos demostrativos y a construir prototipos.

Pero, ¿por qué este regreso de Yona Friedman pasa por el arte contemporáneo y no por la arquitectura? Al fin y al cabo, son muchas las figuras de arquitectos redescubiertos con la distancia de unos años después de su primera destitución por parte de la crítica y de la historiografía. En este sentido, resulta emblemático el ejemplo del arquitecto italiano Luigi Moretti, pero existen muchos otros, como lo que ha sucedido con grupos como *Superstudio*[38] (con exposiciones en Londres en 2004 y en Nueva York en 2005) o Archizoom,[39] revalorados por pertenecer a las genealogías personales de algunos arquitectos contemporáneos consagrados, y no sólo maduros, sino también jóvenes, como Pier Vittorio Aureli.[40] Sin embargo, el caso de Friedman es un tanto diferente.

En la actualidad hay quienes han intentado leer de un modo expeditivo a Friedman en el contexto de los utopistas de la década de 1960,[41] o también de una forma más profunda y contextualizada,[42] pero es en el mundo del arte donde Friedman goza de una fortuna semiplanetaria.

CONTEMPORARY ART

"The absence of utopian drive is perhaps almost as serious as an overdose of it".

— REM KOOLHAAS,
Dilemmas in the Evolution of the City

For all the last ten years up to the present, Friedman has known a new notoriety, the contemporary art circuit, through its cyclical events, like the biennale exhibitions, and its fixed institutions, such as museums, which have continually invited Friedman to mount small exhibitions and collective installations with the help of students, to edit publications, to participate in demonstrative videos and to build prototypes.

Why does this recuperation of Yona Friedman pass through contemporary art and not through architecture? After all, there are many architects who have been rediscovered after many years of initial critical and historiographical neglect – the example of Luigi Moretti is emblematic in that sense, but we can give many more examples, such as Superstudio[34] (exhibitions in London in 2004 and New York in 2005) or Archizoom,[35] which has been re-evaluated because it has been inserted in the personal genealogies of some acclaimed contemporary architects, not only mature and well-known but even young ones like Pier Vittorio Aureli.[36] Friedman's case is a little different.

Today there are some who have tried to reread Friedman within the context of the utopians of the 60s, quickly[37] or even in a more in-depth and more contextualised way,[38] but it's in the world of art that Friedman enjoys a semi-planetary fortune.

38. Lang, Peter y Menking, William (eds.), *Superstudio: Life without Objects*, Skira, Milán, 2003.

39. Branzi, Andrea, *No-Stop City*. Archizoom Associati, Éditions HYX, Orleans, 2006.

40. Aureli, Pier Vittorio, *The Project of Autonomy. Politics and Architecture within and against Capitalism*, Princeton Architectural Press, Nueva York, 2008.

41. van Schaik, Martin y Mácel, Otakar (eds.), *Exit Utopia. Architectural Provocations 1956-1976*, Prestel, Múnich, 2005.

42. Busbea, Larry, Topologies. *The Urban Utopia in France 1960-1970*, The MIT Press, Cambridge (Mass.), 2007.

34. Various authors, *Superstudio: Life without objects*, eds P. Lang, W. Menking, Skira, Milan, 2003.

35. Andrea Branzi, *No-Stop City*. Archizoom Associati, Éditions HYX, Orleans, bilingual (Fr/Eng), 2006.

36. Pier Vittorio Aureli, *The Project of Autonomy. Politics and Architecture within and against Capitalism*, Princeton Architectural Press, New York, 2008.

37. Various authors, *Exit Utopia. Architectural Provocations 1956-1976*, eds M. van Schaik, O. Mácel, Prestel, Munich, 2005.

38. Larry Busbea, Topologies. *The Urban Utopia in France 1960-1970*, MIT Press, Cambridge (Mass.), 2007.

Pero, ¿por qué hoy el mundo del arte rescata a Friedman y no a otros arquitectos? En realidad, el arte contemporáneo ha avanzado siempre consolidando más una orientación que considera a los espectadores tan importantes como los artistas y los objetos que éstos producen (cuadros, esculturas, etc.); por tanto, aquello que pasa a ser crucial es el proceso de implicación del público-espectador. En otras palabras, el espectador pasa a ser actor (artista), y viceversa. Es desde este punto de vista que pueden verse las participaciones de Yona Friedman en la Documenta de Kassel de 2001, en la Bienal de Arte de Venecia de 2003 y 2005, todas ellas gracias a la invitación de comisarios como Ute Meta Bauer, Carlos Basualdo, Hans Ulrich Obrist y Daniel Birnbaum.[43] No obstante, la obra de Friedman no se ha tomado en consideración en su conjunto, y también por ese motivo parece regresar al candelero casi como si fuera un principiante entrado en años con algún pasado arquitectónico desinteresado. Sin embargo, Friedman nunca se ha considerado artista, al menos no en el sentido tradicional del término, aunque sí es cierto que su visión del arte coincide actualmente con la orientación anteriormente citada que habitualmente se conoce como "arte relacional". Ya en 1978 Friedman escribió:

Me gusta considerar el arte como una forma de comunicación, razón por la cual considero al receptor (a quien mira, a quien recibe la visión) más importante que el propio emisor (el artista).[44]

En el fondo, una afirmación como ésta no contradice en absoluto la antigua investigación de Friedman sobre la participación en la arquitectura, tema ya en desuso, pero que en la década de 1970 contaba con teóricos y defensores importantes de la talla de Giancarlo De Carlo, Bernard Rudofsky o Lucien Kroll.

But why today does the art world reevaluate Friedman, in particular, and not other architects? In contemporary art, an established trend considers the spectators as important as the artists and the objects (paintings, sculptures, etc.) they produce. As a consequence, the process of involving the public spectator becomes crucial. In other words, the spectator becomes actor (artist) and vice versa. And it is from this point of view that we should look at Friedman's participation in Documenta in Kassel in 2001 and at the Venice Art Biennale in 2003 and 2005, where he was invited by curators such as Ute Meta Bauer, Carlos Basualdo, Hans Ulrich Obrist, Daniel Birnbaum[39] and others. In any case, Friedman's work has never been considered in its complexity and that is the reason why today it seems to be making a comeback, almost as if he were an elderly debutant with some faded past in architecture. Friedman, however, has never considered himself an artist, at least not in the traditional meaning of that word, even if it is true that his vision of art coincides today with the trend we mentioned before that is usually called "relational art". Friedman wrote in 1978:

"I would like to consider art as a form of communication; that's the reason why I consider the receiver (who watches, who receives the vision) more important than the emitter (the artist)".[40]

After all, this statement does not at all contradict Friedman's previous research into participation in architecture. That theme is now unusual but in the 70s it had important theorists and supporters, such as Giancarlo De Carlo, Bernard Rudofsky and Lucien Kroll.

43. Hans Ulrich Obrist invitó a Yona Friedman a la sección que comisariaba (*Utopia Station*) dentro de la Bienal de Arte de Venecia de 2003 dirigida por Francesco Bonami. Véase: AA. VV., *Sogni e conflitti: la dittatura dello spettatore*, Marsilio, Venecia, 2003; y Obrist, Hans Ulrich, *Yona Friedman. The Conversation Series*, Verlag der Buchhandlung Walther König, Colonia, 2007.

44. Friedman, Yona, *L'Architecture de survie, où s'invente aujourd'hui le monde de demain?*, Casterman, Paris-Tournai, 1978 (edición ampliada y revisada: *L'Architecture de survie. Une philosophie de la pauvreté*, Éditions de l'éclat, París, 2003, pág. 193).

39. Hans Ulrich Obrist invited Friedman in the section "Utopia Station" that he curated in the Venice Art Biennale 2003, directed by Francesco Bonami, see Various authors, *Dreams and conflict: the dictatorship of the viewer*, Marsilio, Venice, 2003; see also Hans Ulrich Obrist, *Yona Friedman, The Conversation Series*, Konig, Berlin, 2007.

40. Yona Friedman, *L'Architecture de survie, où s'invente aujourd'hui le monde de demain?*, Casterman, Paris-Tournai, 1978; new edition *L'Architecture de survie. Une philosophie de la pauvreté*, Éditions de l'éclat, Paris, 2003, p. 193.

No obstante, todo ello explica en parte la enorme escasez de estudios e investigaciones que la cultura arquitectónica ha dedicado a Yona Friedman durante más de cuarenta años, a pesar de la gran notoriedad que disfrutó en los inicios de su carrera. Si en los primeros años de este siglo Friedman está conociendo un retorno consciente de su popularidad, ha publicado un libro al año y se le ha traducido y reimpreso en muchos países,[45] esto ha ocurrido porque el arte contemporáneo no sólo lo ha revalorizado, sino porque precisamente lo descubre por primera vez. Se trata, pues, de un caso de desfase histórico o, si se prefiere, de un "salto de tigre al pasado", como le gustaba decir a Walter Benjamin. De hecho, el arte relacional explora las posibilidades artísticas que existen en la interacción con el público, emplazándose a menudo en zonas críticas de la ciudad, como las periferias urbanas más degradadas de Europa, casi como queriendo remediar -sin querer- los errores de los arquitectos que las han proyectado y construido.

También por esta razón el arte relacional redescubre hoy, casi de una forma natural, muchas personalidades atípicas, pero útiles, como puede ser el caso de Friedman. Sin embargo, existe el peligro del empobrecimiento mediante la estetización de las propuestas racionales de Friedman que se quedan en la superficie de una implicación genérica del público. En este sentido, el propio Friedman desarrolla un papel ambiguo, al menos en parte, porque las propuestas de auto-organización se dirigen siempre hacia la sociedad en su conjunto, tal y como aparece en su libro *Utopías realizables*.[46] La crítica al mito de la comunicación global y a las democracias gobernadas por la "mafia de los medios de comunicación", los conceptos de "grupo crítico", de "aldeas urbanas", de "ciudad continente", etc., son teorías que aparecen condensadas en este texto. Una suma de una larga serie de reflexiones apoyadas en sus experiencias personales: la guerrilla antinazi húngara durante la II Guerra Mundial, la vida en los kibutz y la construcción de una sociedad completamente nueva y "sin clases" en el Estado de Israel, los proyectos de la *Architecture mobile* y de la *Ville Spatiale* que tan pronto naufragaron, etc.

However, that can only partially explain the great scarcity of studies and research that the architectural world has dedicated to Friedman over the past 40 years, despite the great notoriety he initially enjoyed. If Friedman in the first years of the new century has known a substantial return of popularity, has begun to publish one book per year and is translated and reprinted in many countries,[41] it is not happening because contemporary art is re-evaluating him, but because it has discovered him for the first time. It deals with a case of historical confusion or, if you like, it deals with a "tiger's leap into the past", as Walter Benjamin liked to say. Relational art explores the artistic possibilities within the interaction with the public, they often take place in critical zones of the town, like the most degraded suburbs of Europe, as if they wanted unintentionally to put right the faults of the architects that had drawn and built them.

Even for that reason, relational art is rediscovering today, almost naturally, many atypical but useful personalities, such as Friedman. The danger, however, is to impoverish Friedman's proposals by making them aesthetic, stopping superficially on the generic involvement of the public. In that, Friedman himself plays a role that is at least partially doubtful, because the proposals of self-organisation are always addressed to society in its complexity as in *Utopies réalisables*.[42] The critic of the myth of global communication and of democracies governed by the "mafia of the media", the concepts of "critical group", "urban villages", "continent town" etc., are all Friedman theories that he had condensed in this text that's the summum of a long series of reflections based on his personal experiences: the guerilla against Nazism during the World War II in Hungary, the life in the kibbutz and the building of a new classless society in the State of Israel, the projects of *Architecture mobile* and the *Ville Spatiale* that failed immediately, and so on.

45. Recientemente, Friedman ha publicado dos libros en Japón gracias al apoyo del Center for Contemporary Art (CCA) de Kitakyushu, donde también colabora Hans Ulrich Obrist. Véase: Friedman, Yona, *The «trompe l'œil» Universe*, Center for Contemporary Art (CCA), Kitakyushu, 2002; y *Cities*, Center for Contemporary Art (CCA), Kitakyushu, 2005. En Italia, la Fondazione Antonio Ratti de Como ha publicado: Cerizza, Luca y Danieri, Anna (eds.), *Yona Friedman*, Charta, Milán, 2008.
46. Friedman, Yona, *Utopías realizables*, op. cit.

41. Friedman has recently published two books in Japan, thanks to the help of the Centre for Contemporary Art of Kitakyushu, with which Obrist collaborates; see Yona Friedman, *The «trompe l'œil» Universe*, Centre for Contemporary Art (CCA), Kitakyushu, 2002; *Cities*, Centre for Contemporary Art (CCA), Kitakyushu, 2005.
42. Yona Friedman, *Utopies réalisables*, op. cit.

La originalidad de *Utopías realizables* se basa, sobre todo, en intentar conjugar la búsqueda de una forma comunitaria gestionable y democrática con la libertad individual. Motivo por el que, tanto desde un punto de vista marxista como desde uno liberal, ha sido desdeñado por extraño durante mucho tiempo, aunque recientemente no ha pasado inadvertido para un filósofo neomarxista como es Fredric Jameson.[47] El fracaso de los proyectos utópicos de las décadas de 1950 y 1960 y los acontecimientos de Mayo del 68 han supuesto un cambio en el pensamiento de Friedman que le han llevado a desplazar, de manera gradual, el centro de su estudio de la tecnología a la sociedad en su conjunto. En ese proceso de maduración el pensamiento "utopista" de Paul Goodman ha ejercido una fuerte influencia. Goodman, hermano del arquitecto Percival,[48] por entonces era profesor en la Escuela de Arquitectura de Columbia University, en Nueva York, fue de los primeros en invitar a Friedman a impartir conferencias en Estados Unidos. Paul Goodman escribió:

"Las ideas se denominan 'utópicas' cuando parecen útiles, pero proponen un estilo diferente, un procedimiento diferente, un móvil diferente de aquellos habituales en un momento particular. Pueden ser ideas de un evidente sentido común y también fáciles de llevar a cabo en el plano técnico; así pues, se definirán como 'no prácticas' y se las juzgará como 'un supuesto que los expertos y los intelectuales imponen a la gente', y todo ello con una vehemencia que indica fuertes resistencias psicológicas".[49]

The originality of *Utopies réalisables* is largely based on its attempt to combine the search of a manageable, democratic community form with individual freedom and that's the reason why he was snobbed for a long time, because he was a stranger to both the Marxist and liberal perspectives – even if recently a neo-Marxist philosopher, Fredric Jameson,[43] did not miss that. The failure of the utopian projects of the 50s and 60s and the events of 68 were a turning point in Friedman's thought so that he gradually moved the centre of his study from technology to society in its complexity; in that maturation process an important role has been played by the "utopian" thought of sociologist Paul Goodman, brother of the architect Percival[44] who in that period was professor in the Columbia University School of Architecture. He was one of the first to invite Friedman to give conferences in the USA. Paul Goodman has written:

"The ideas are called 'utopian' when they appear useful but they propose a different style, a different procedure, a different motive from the usual ones of that particular moment. They might be ideas of an obvious common sense and it might be easy to carry them out; furthermore, they will be defined 'non practical' and they will be judged 'an abuse of power imposed on people from experts and intellectuals', and all that will be done with a vehemence that shows strong psychological resistance".[45]

47. Jameson, Fredric, *Archaeologies of the Future: The Desire Called Utopia and Other Science Fictions*, Verso, Londres/Nueva York, 2005, págs. 228-229 (versión castellana: *Arqueologías del futuro: el deseo llamado utopía y otras aproximaciones de ciencia ficción*, Akal, Madrid, 2009).

48. Goodman, Paul y Percival, *Communitas. Means of Livelihood and Ways of Life*, Vintage Books, Nueva York, 1947.

49. Goodman, Paul, "Utopian Thinking" [1961], en *Utopian Essays and Practical Proposals*, Random House, Nueva York, 1962.

43. Fredric Jameson, *Archaeologies of the Future: The Desire Called Utopia and Other Science Fictions*, Verso, London & New York, 2005, pp. 228-9.

44. Paul and Percival Goodman, *Communitas. Means of Livelihood and Ways of Life*, Vintage Books, New York, 1947.

45. Paul Goodman, "Utopian Thinking" (1961), republished in *Utopian Essays and Practical Proposals*, Random House, New York, 1962.

Los utopistas deben tener el "coraje de fracasar" y sacar adelante sus proyectos, aunque esto implique un camino solitario.[51] Precisamente en estos tiempos de "ausencia de un empuje teórico"[52] las ideas de Friedman resultan mucho más preciosas.

Es paradójico que un prototipo de refugio de cartón para los sin techo -construido por Friedman con la ayuda de algunos estudiantes- forme parte de la colección de un museo de arte contemporáneo, pero al mismo tiempo es la señal de un fracaso más: aquello que en principio debería ser útil, cotidiano, determinante, termina convirtiéndose en un objeto momificado que se exhibe en un museo como si se tratara de una mariposa conservada en formol. El museo siempre produce una neutralización del arte. A la espera de un estudio completo desde el punto de vista de la historia de la arquitectura que analice la extensa carrera de Friedman en su conjunto -a partir de las decisivas experiencias formativas en Hungría e Israel- una vez más trágicamente, el mensaje de Friedman vuelve a ser mal entendido y se sublima en un artefacto artístico que exorciza cualquier alcance político.

— MANUEL ORAZI

That's the reason why the utopian should have the "courage to fail", should carry out his or her project even in a solitary way.[46] So it's exactly in these times of "absence of utopian drive"[47] that the ideas of Friedman are most precious.

It's a paradox that a cardboard prototype of shelters for homeless people, built by Friedman with the help of some students, is today in the collection of a contemporary art museum. At the same time, however, it is the sign of another failure: what should be extremely useful, daily, a resolution, gets mummified and hung in a museum as if it were a chloroformed butterfly – the museum always produces a neutralisation of art. While waiting for a complete study from the point of view of the history of architecture that can evaluate Friedman's long career in all its complexity – starting from his decisive educational experiences in Hungary and Israel – Friedman's message has once more been dramatically misunderstood, sublimated in an artistic fake in order to exorcise every political significance.

— MANUEL ORAZI

51. Citado en: Aureli, Pier Vittorio y Orazi, Manuel, "The Solitude of the Project", en *Log*, núm. 7, 2006, págs. 21-32.

52. Esta definición pertenece a Rem Koolhaas: "Hubo una vez en que nosotros los arquitectos sabíamos exactamente qué hacer: muchos desplegaban manifiestos donde declaraban sus propias intenciones, y algunos consiguieron ponerlas en práctica, al menos parcialmente. Sin embargo, en los últimos quince años, después de los cambios culturales y de nuestros errores, nuestra fe en las proclamas y la sensación de saber lo que queríamos hacer se derrumbaron por completo. Hoy ya no escribimos más manifiestos; como mucho trazamos perfiles de ciudades concretas y no esperamos elaborar tanto una teoría sobre su desarrollo, sino entender cómo funcionan en la actualidad. En otras palabras, aquellas certezas del pasado están completamente ausentes, y se necesitará mucho tiempo para que se produzca algo parecido. En Inglaterra muchos dirían 'mucho mejor', pero la ausencia de un empuje utópico es casi tan grave como una sobredosis de él". Koolhaas, Rem, "Dilemmi nell'evoluzione della città", en *Area*, núm. 100, septiembre de 2008, pág. 172 y ss.

46. Cf. Pier Vittorio Aureli; Manuel Orazi, "The Solitude of the Project", in *Log*, No. 7, 2006, pp. 21-32.

47. As defined by Rem Koolhaas: "There used to be a period in which all of us knew exactly what to do: many of us would write manifestos, declaring what we were doing, and some of us were successful in realising sections of those manifestos. However, as part of the shift in culture in the last 15 years, and because of our own mistakes, that belief in manifestos, and that confidence that we knew what to do, have completely collapsed. Nowadays, we no longer write manifestos; at most, we write portraits of particular cities, in the hope, not of developing a theory of what to do with them, but of understanding how cities exist currently. In other words, this kind of confidence is now completely absent, and it will take a long time for anything like it to return. A considerable percentage of people in England – and I know about your anti-utopian tendencies, since I studied here in 1968 – would say 'good riddance', but the absence of utopian drive is perhaps almost as serious as an overdose of it", Rem Koolhaas, "Dilemmas in the Evolution of the City", Designing the Future conference, CABE, London, 2006.

Detalle de la casa de Yona Friedman, 2011

Detail of Yona Friedman's home, 2011

SIEMPRE YONA, YONA SIEMPRE – I

HANS ULRICH OBRIST:
¿Me podría hablar sobre la idea del Museo de los Grafitis?

YONA FRIEDMAN:
Las personas que acuden al museo están invitadas a crear un grafiti. Una vez que las láminas han sido totalmente cubiertas, las quitamos y las archivamos. Entonces, el proceso comienza de nuevo.

HUO: Se trata de un museo en constante evolución...

YF: Es un museo que se construye a sí mismo desde sí mismo.

HUO: De hecho, es un museo que podría estar en cualquier parte.

YF: Sí. El prototipo del museo fue patrocinado por la Fondation de France.

HUO: ¿Cómo funciona? ¿El público está invitado a producir un grafiti sobre las láminas? ¿Usted las distribuye?

YF: Sí. El proceso termina con un archivo de grafitis. Las láminas vienen en rollos de aproximadamente 1 m x 80 cm. Tomé algunas fotos cuando la exposición tuvo lugar.

HUO: Me parece que este Museo de los Grafitis es un nuevo capítulo en su larga reflexión acerca de los museos. ¡Ha desarrollado usted muchas ideas sobre los museos!

YF: Existe otro tipo de museo que le voy a mostrar, se llama "El museo en la calle". Fue hecho en Como [Italia]. Se hizo a partir de una acumulación de estructuras de plexiglás y los habitantes empezaron a traer objetos. Para mí es un museo de la civilización porque se construye a sí mismo. En él no hay un comisario o un comité encargado, sólo la gente. No les preguntamos nada acerca de qué objetos querían exhibir o por qué. Les dijimos: "No podemos asegurarles nada. No tenemos seguro. Si alguien roba un objeto, no podemos hacer nada". Queríamos mostrar tantas cosas heterogéneas como fuera posible.

HUO: Podemos concluir que éstos son museos sin un Objeto.

YF: El museo no tiene un Objeto. Hay rastros de una civilización. Piense en los arqueólogos que reconstruyen una civilización a partir de deshechos de hace 2000 años. Con estos museos sucede algo similar. Dentro de 300 años puede que para un arqueólogo sea interesante saber por qué las personas escogieron un objeto u otro. Este museo funciona y continuará funcionando en las plazas públicas de Como.

HUO: Este tipo de museo genera archivos para el futuro.

YF: Sí. Querían hacer uno en París pero tuvieron miedo de los ataques terroristas y de los disturbios, como los incidentes en los que se quemaron coches. Harán "El museo en la calle" en Shanghái durante la Exposición Universal.

HUO: ¿Podría hablar un poco del proyecto de Shanghái?

YF: El proyecto de Shanghái fue expuesto en la Galería kamel mennour. Cuando fui a ese país en 2007 tuve la oportunidad de exponer mi idea en un canal de la televisión local. Ahí los peatones sólo pueden cruzar el río en metro o en taxi, pero no a pie. La respuesta del público fue muy positiva y me dieron el visto bueno. El presidente del parlamento y yo lo discutimos largamente y finalmente hice este proyecto del puente.

HUO: El puente es un museo...

YF: No. Ellos tenían otra idea. Querían que yo construyera el puente como programa para un concurso de arquitectura entre jóvenes arquitectos chinos. Es un programa en forma de maquetas a escala. Este proyecto ha sido publicado varias veces en *Domus* y en *Abitare*.

EVER YONA, YONA, EVER – I

HANS ULRICH OBRIST: Can you tell me about your Graffiti Museum idea?

YONA FRIEDMAN: People who enter this museum are invited to create graffiti. Once the sheets are completely covered, we take them down and archive them. Then, the whole process begins again.

HUO: So it's a museum in constant evolution...

YF: It's a museum that builds itself, from itself.

HUO: In fact, it's a museum that could be anywhere.

YF: Yes. The museum prototype was financed by the Fondation de France.

HUO: How does it work, because it's on these sheets that the public is invited to produce graffiti? Do you distribute the sheets?

YF: Yes, and we end up with a graffiti archive. The sheets come in rolls of approximately 1m by 80cm. I took some pictures when the exhibition was taking place.

HUO: I have the impression that this Graffiti Museum is a new chapter in your long reflection on museums. You have developed many ideas about museums!

YF: There's another kind of museum I'm going to show you. It's called "The Street- Museum". It was done in Como [Italy]. It was an accumulation of plexiglas structures and the residents began to bring objects. To me it's a museum of civilization because it builds itself. There is no curator or committee taking care of it but people. We didn't ask questions regarding what objects they wanted to exhibit and why. We told them: "We don't guarantee you anything. There's no insurance here. If your object is stolen, it's stolen". We wanted to exhibit as many heterogeneous things as possible.

HUO: So we can conclude that these are museums without an Object.

YF: The museum is without an Object. These are traces of a civilization. Think of archaeologists when they reconstruct a civilization from rubbish dating back 2000 years. It's the same thing with this kind of museum. To an archaeologist 300 years from now, it will be interesting to know why people chose one object or another. This museum works, and will continue to work, in public squares in Como.

HUO: It generates archives for the future.

YF: Yes. They wanted to do one in Paris but were afraid of terrorist attacks and riots like the car-burning incidents. They will do "The Street- Museum" in Shanghai at the time of the World Expo.

HUO: Could you talk about the Shanghai project?

YF: The Shanghai project was exposed at the Gallery kamel mennour. When I was in Shanghai in 2007, I had the chance to talk about my idea on local television. In Shanghai pedestrians can only cross the river by metro or by taxi, not on foot. The response from the public was very positive and I was given the go ahead. The president of the parliament and I discussed it at length and finally I made this bridge project.

HUO: The bridge is a museum ...

YF: No. They had another idea. They wanted me to build the bridge as a programme for an architecture contest among young Chinese architects. It's a programme in the form of scale models. This project has been published several times in *Domus* and *Abitare*.

HUO: ¿Qué es este objeto?

YF: Parece que es una obra de arte. Es mi taza de café que se me cayó. Trato de reciclar objetos que van a ser desechados: objetos reciclados, no por la química, sino por el arte.

HUO: Me interesa saber más sobre su proyecto para el Centro Pompidou. ¿Me podría mostrar los documentos para este proyecto?

YF: Por supuesto. La idea era cambiar la apariencia del museo cada seis meses. Con un accesorio exterior, el edificio cambia de forma al cambiar el volumen de su estructura. Esa era mi idea acerca de la *Architecture mobile* en 1970.

HUO: Son módulos que se ponen y se quitan, aparecen y desaparecen. Esto le permitiría cambiar tanto la fachada como el interior del edificio, ¿no es así? ¿Cómo se imaginaba las distintas salas de Beaubourg? ¿Tendrían pisos?

YF: Sólo estructura. Quería mostrar cada tipo posible de variación sin tener que recurrir a la demolición. Se harían modificaciones sólo con paredes móviles. Lo dejo todo bajo el criterio del comisario de exposiciones. Él o ella sería quien tomara la decisión sobre cuál será la apariencia del museo durante los siguientes seis meses.

HUO: ¿Esto significa que el comisario se convierte en el arquitecto cada vez?

YF: El comisario y su quipo. Claro, pienso que el comisario no tiene que ser un experto en aspectos técnicos.

También existe otro proyecto de museo. Me pidieron que construyera el Museo del s. XXI. Es gracioso porque realmente no sabemos lo que es o qué va a contener. Si a alguien le hubieran pedido que construyera el museo del siglo XIX, en 1800, habría comenzado con Napoleón y finalizado con la Torre Eiffel. Lo que propuse para el Museo del s. XXI, fue construir un "museo-barrio" en el que la gente vive su vida cotidiana. Y cada uno o dos años, un comité se encarga de determinar qué objetos se quedarán en el museo. Puede ser una cabina telefónica, un basurero, un escaparate. De esta manera el museo se crea a sí mismo.

HUO: Hace poco realizó una enorme instalación en la Bienal de Venecia [1].

YF: Yo determiné las estructuras que iban a ser utilizadas en Venecia y Daniel [Birnbaum] seleccionó a una docena de sus estudiantes, a los que se les dio la libertad de insertar el objeto que ellos quisieran.

HUO: Construyó una ciudad flotante...

YF: Quería que los estudiantes de arte representaran a los residentes anónimos con sus preferencias. Fue una demostración de los principios de mi concepto de la *Ville Spatiale*. Es una demostración real de lo que la gente puede hacer con este tipo de estructuras. La *Ville Spatiale* es de hecho armonía entre el individuo, el individualismo extremo y la comunidad.

HUO: ¿Recuerda si al inventar la *Ville Spatiale* experimentó algo parecido a una epifanía?

YF: La idea fue primero presentada en Dubrovnik en 1956. Fui al CIAM [2] y presenté algunos diseños antiguos. Tomaron la mitad de mis archivos, la mayoría viejos. Hice una presentación en una hoja grande y fue muy bien recibida.

HUO: Este encuentro en Dubrovnik en 1956 fue muy importante.

YF: Dubrovnik fue el final del CIAM y el comienzo de un nuevo periodo en el que Le Corbusier dijo: "Hasta aquí llego". La idea de la *Ville Spatiale* no fue muy bien entendida. Estaba basada en la idea sociológica de que la gente puede expresar y explicar lo que quiere sin perturbar a la comunidad. Siempre doy el ejemplo de que la diversidad se encuentra en la forma en la que las cosas se organizan dentro de ella. Pero ¿cómo puede funcionar algo así para una comunidad entera sin que se convierta en un conflicto?

---

1. 53ª Bienal de Venecia, comisariada por Daniel Birnbaum con el título de *Fare Mondi / Making Worlds*. N.d.T.

2. Congrès International d'Architecture Moderne. N.d.T.

HUO: What is this object?

YF: It seems that it's a work of art. It's my coffee cup, which I dropped. I try to recycle objects that are going to be thrown away: objects recycled not by chemistry but by art.

HUO: I'm very interested to know more about your project for the Centre Pompidou. Can you show me documents about this project?

YF: Definitely. The idea was to change the appearance of the museum every six months. With an external attachment, the building changes its shape by changing its skeletal volume. That was my idea of the *Architecture mobile* in 1970.

HUO: So, it's like modules that go in and out, appear and disappear. This would allow you to change the facade as well as the interior design, right? And how did you envisage the different rooms at Beaubourg? Would it have floors?

YF: Only skeleton. I wanted to show every type of variation possible without demolition. It would only be a modification of mobile walls. It's entirely left to the exhibition curator's discretion. He/she will decide upon the museum's appearance during the following six months.

HUO: Does it mean the curator becomes the architect every time?

YF: The curator and his/her team. Of course, I don't think the curator has to be an expert in technical details.

There's also another museum project. I was asked to build the Museum of the 21st century. This is very funny because one doesn't know what it is or what it will have inside. If one has been asked to build the museum of the 19th century in 1800, it would have begun with Napoleon and end with the Eiffel Tower. So I suggested for the Museum of the 21st century building a "neighbourhood-museum" where people live their daily lives. And every year or two years, a committee passes by in order to determine which objects will remain conserved in the museum. It can be a phone booth, a waste container or a shop window. The museum creates itself.

HUO: You just made a big installation at the Venice Biennale[1].

YF: I determined the structures which were going to be used in Venice and Daniel [Birnbaum] chose a dozen of his students who were given the freedom to insert any object they wanted.

HUO: You built a floating city …

YF: I wanted the art students to represent the unknown resident with his/her unknown preferences. It was a demonstration of the principles of my concept of the *Ville Spatiale*. It's a real demonstration of what people can do with this type of structure. The *Ville Spatiale* is in fact harmony between individual, extreme individualism and community.

HUO: Do you remember when you invented the *Ville Spatiale*? Did you experience an epiphany?

YF: The idea was first presented in Dubrovnik in 1956. I was there for the CIAM[2] and presented some old designs. They took half of my archives, most of which were old. I made the presentation on a large sheet and I got a very positive response.

HUO: This meeting in Dubrovnik in 1956 was very important.

YF: Dubrovnik was the end of CIAM and the beginning of a new period where Le Corbusier said: "I stop here". The idea of the *Ville Spatiale* was not very well understood. I based the *Ville Spatiale* on a sociological idea, that people can express and explain what they want without disturbing the community. I have always given the example that diversity is in the way things are arranged inside. But how can it work for a whole community without becoming a conflict?

---

1. T.N. 53rd Venice Biennale, curated by Daniel Birnbaum and entitled *Fare Mondi / Making Worlds*.

2. Congrès International d'Architecture Moderne.

HUO: Siempre surge el tema del contrato social...

YF: Al final, creo que la cuestión social significa armonía entre el individuo y la comunidad en todos los aspectos, desde el lenguaje, el estilo de vida, hasta la economía. Siempre es así.

HUO: Al mismo tiempo había una generación joven, estaba usted y Oscar Hansen. ¿Lo conoció?

YF: Sí, Hansen y Soltan se contaban entre las personas que me apoyaron. Soltan se convirtió en el decano de arquitectura de Harvard, era la mano derecha de Le Corbusier. En ese momento Soltan y Hansen eran ciudadanos polacos. La gente joven pedía individualización. Algunas personas veían la arquitectura como una actitud artística. Yo no la veía de ese modo. Para mí era una realidad social. Con ello quiero decir que la arquitectura no está hecha sólo y exclusivamente por el arquitecto. Los habitantes también deben tomar parte en el proceso. Eso fue lo que presenté en la Bienal.

HUO: [En los años cincuenta] surgió Team 10 ¿Cuál era la diferencia entre usted y el Team 10?

YF: Team 10 seguía el concepto clásico de la Bauhaus de que la arquitectura debía hacer todo para la gente. Mientras que mi propuesta partía de la idea de que el arquitecto no puede hacerlo todo; al contrario, deberíamos dejar que las personas, quienes finalmente van a habitar las construcciones, tomen decisiones. La diferencia es fundamental. Hubo un conflicto. Team 10 fue la corriente dominante. Nosotros éramos los elementos marginales de la sociedad.

HUO: ¿Team 10 era la corriente dominante y ustedes los rebeldes?

YF: Yo era el rebelde...

HUO: ¿Quiénes eran los otros rebeldes además de usted?

YF: Entonces no había ninguno. Fue algún tiempo después que otros rebeldes me siguieron. Los Metabolistas, por ejemplo. También muchos alemanes como Frei Otto, Günter Günschel y posteriormente Schulze-Fielitz. Recibí respuestas de toda Europa.

HUO: Con la *Ville Spatiale*, los Metabolistas querían expandir la ciudad al mar.

YF: Kenzo Tange respondió. Me invitó en 1959 y publicaron la *Ville Spatiale* en Japón antes de que se publicara en Francia.

HUO: ¿Y cuándo visitó Japón por primera vez? ¿En qué año?

YF: En 1970. Fue Tange quien me invitó a exponer en la Festival Plaza de la Exposición Universal de Osaka, porque yo había inspirado algunos de sus proyectos. ¡Fue Tange el que lo dijo frente a los reporteros, no yo!

HUO: Hemos hablado de la *Ville Spatiale*, de Venecia, de su proyecto de museo y del Museo de los Grafitis. Es increíble el número de proyectos en los que está involucrado actualmente.

YF: Demasiados. Le voy a contar de algunos proyectos para Venecia. Varias universidades me han invitado a trabajar con sus estudiantes. Voy a proponer una *Ville Spatiale* en el *Ponte della Libertà*. La idea de la universidad es que los estudiantes hagan maquetas grandes que luego se pondrán en el agua.

HUO: ¿Entonces, después del Arsenale, la *Ville Spatiale* se moverá a Venecia?

YF: Sí. El objetivo de la *Ville Spatiale* es representar el vínculo orgánico de la ciudad. Y además vamos a crear suburbios flotantes para expandir Venecia. Son calles flotantes para que la ciudad pueda cambiar su apariencia de un día para otro. Es lógico, con todas las calles flotantes que posee. La forma de la ciudad puede cambiar de un mes a otro al mover las cosas.

HUO: Es una transformación constante.

YF: Hay otro proyecto en Venecia. Lo llamo *Altane pubbliche*[3]. Las arcadas son pequeñas pérgolas en el techo de una casa. Y mi propuesta es hacer pistas sobre la ciudad, sólo para peatones.

---

3. N.B. *Altane* significa las terrazas-pérgola ubicadas sobre las casas tradicionales venecianas, un "espacio habitable" para el verano. (Yona Friedman)

HUO: There's always the question of social contract...

YF: In the end, I think the social question means harmony between the individual and the community in everything, from language to the way of living to the economy. It's always like that.

HUO: And at the same time there was a young generation, there was you, and also Oscar Hansen. Did you get to know him?

YF: Yes, Hansen and Soltan were among the young people who supported me. Soltan became dean at Harvard. He was Le Corbusier's right hand. Soltan and Hansen were Polish citizens at the time. Young people were demanding individualisation. Some people looked at architecture as an artistic attitude. I did not look at it that way. To me it was a social reality. I mean architecture is not made entirely by the architect. The residents have their part in the process too. That is what I presented at the Biennale.

HUO: [In the 1950s], Team 10 emerged. What was the difference between you and Team 10?

YF: Team 10 followed the classic Bauhaus concept that architecture had to do everything for people. And I launched the idea that the architect cannot do everything for people; on the contrary, we should leave decisions to people, to the resident. The difference is fundamental. There was a conflict. Team 10 was the mainstream. We were the fringe elements of society.

HUO: Team 10 was the mainstream and you were the rebels?

YF: I was the rebel...

HUO: Who were the other rebels, aside from you?

YF: There weren't any. It was afterwards, because of that, that other rebels followed me. The Metabolists, for example. And many Germans, such as Frei Otto, Günter Günschel and Schulze- Fielitz. I received responses from all over Europe.

HUO: With the *Ville Spatiale*, the Metabolists wanted to expand the city into the sea.

YF: Someone who responded was Kenzo Tange. Tange invited me in 1959 and they published the *Ville Spatiale* in Japan before it was published in France.

HUO: And when did you visit Japan for the first time? What year?

YF: In 1970. It was Tange who invited me to expose at the Festival Plaza at the Osaka World Expo, because I had inspired some of his plans. It was Tange who said it in front of reporters, not me!

HUO: We have spoken about the *Ville Spatiale*, Venice, your museum project and the Graffiti Museum. It's incredible the number of projects you have right now.

YF: Too many. I'm going to tell you about some projects for Venice. Several universities have invited me to work with their students. I'm going to propose a *Ville Spatiale* on the *Ponte della Libertà* (Freedom Bridge). The idea of the university is that students make large models that will be put on the water afterwards.

HUO: So, after the Arsenale, the *Ville Spatiale* will be moved to Venice.

YF: Yes. The goal of this *Ville Spatiale* is to represent the organic link of the city. And we are also going to create floating suburbs in order to expand Venice. These are floating pathways-streets, so the city can change its network from one day to the other. It's logical, with all its floating streets. The shape of the city can change from month to month by shifting things.

HUO: It's in constant transformation.

YF: There is another project for Venice. It's something I call *Altane pubbliche*[3]. Arcades are little pergolas on the roof of a house. And I suggest runways above the city, only for pedestrians.

---

3. N.B. *Altane* means the pergola-terrasses on top of tradicional Venitian houses, a "living-space" for the summer. (Yona Friedman)

HUO: De esta forma, habrá una especie de conexión entre las casas a través de los techos. Será una *Ville Spatiale* para peatones.

YF: Una *Ville Spatiale* para peatones. Los estudiantes ya comenzaron a tomar fotos de Venecia y a revisar el material que tenemos. Tengo tres proyectos en Venecia: el *Ponte della Libertà*, las *Altane pubbliche* y los Suburbios Flotantes.

HUO: También está el unicornio enorme en la isla de Vassivière. ¿Me podría hablar de ese proyecto?

YF: Me inspiré en los dibujos de Nazca en Perú, geoglifos enormes, de cientos de metros, descubiertos hace poco tiempo y que sólo pueden verse desde un avión. Estaba contemplando la posibilidad de revivirlo.

HUO: ¿Se hizo?

YF: Sí. Le llamamos *La Licorne*[4] y mide 324 metros de largo.

HUO: ¿Cómo está hecho? ¿Con qué materiales?

YF: Fue muy simple. Les proporcioné un plano de triangulación. Se clavaron algunas estacas en la tierra, para definir las líneas y esparcimos piedrecitas alrededor de éstas. En Venecia, los Suburbios Flotantes podrían adquirir la forma de los leones de San Marcos.

HUO: ¿Es su propio bestiario?

YF: Quizás el papel de la arquitectura sea convertirse en un juego. La instalación que hice en la Bienal fue como un juego para mí.

HUO: ¿Por qué *La licorne*?

YF: Porque es un animal femenino. Me encanta. Es un animal que no puede hablar y mejor aún, que no existe. Se trata de un mundo totalmente imaginario, para nada agresivo.

HUO: Lo opuesto al león.

YF: Sí.

YF: Hice un manual zoológico de los unicornios. Esos animales no comen. Sobreviven gracias a la fotosíntesis.

HUO: Al mismo tiempo, los unicornios corresponden a su idea de la ciudad: no una ciudad agresiva, sino pacífica.

YF: Soy, sobre todo, un pacifista. No me gustan los conflictos. Siempre he evitado los debates. El intercambio de ideas es bueno, pero los debates que buscan imponer una opinión propia a los demás, son inconcebibles para mí.

HUO: Otra cosa sucedió después de la última vez que nos vimos. El CNEAI[5] editó sus películas. ¿Me podría hablar de esta última edición?

YF: Los "actores" son figuras pintadas en cubos. Cada lado del cubo muestra una fase del movimiento y al girar el cubo se crea el movimiento de la figura. En mis películas cada vez que doy vuelta al cubo se crea movimiento. En los años sesenta solía crear una historieta al día.

HUO: ¿Están en DVD?

YF: Han sido re-editadas. El CNEAI encontró los negativos viejos y los mandó restaurar. Finalmente salieron en DVD. Dejé de hacer películas porque el distribuidor nunca me pagó. Nunca supe qué pasaba, pero no funcionó para mí. Me decía que estaba arruinado pero mis películas se distribuían junto con los principales periódicos europeos. Me debía dinero y nunca me pagó. Denise y yo dijimos: "Si no nos pagan, no seguimos".

HUO: ¿Qué película fue? ¿En qué año?

YF: 1962. Las películas hechas entre 1960 y 1961 fueron encargadas por la televisión estatal francesa. Fue una serie de 13 películas, una de las cuales recibió un León de Oro y otra el Gran Premio Iberoamericano y se presentó en el Festival de Cine de Cannes. Podríamos decir que fue un gran éxito, moralmente hablando.

HUO: No económicamente hablando.

YF: Sabe, este también ha sido mi problema con la arquitectura. No sé ponerle precio a las cosas. Afortunadamente el Getty, el Centro Pompidou y el FRAC[6] adquirieron mis archivos y mis maquetas. Desde entonces no he tenido problemas económicos.

---

4. *Licorne*, significa unicornio. En francés la palabra es de género femenino. N.d.T.

5. Centre National de l'Édition et de l'Art Imprimé. N.d.T.

6. Fonds régional d'art contemporain. Colecciones regionales de arte contemporáneo en Francia. N.d.T.

HUO: In this way, there would be a kind of connection among houses through the roofs. It is also a *Ville Spatiale* for pedestrians.

YF: Yes. The students have already begun taking pictures in Venice and looking at the material that we have. I have three projects in Venice: the *Ponte della Libertà*, the *Altane pubbliche* and the Floating Suburbs.

HUO: There is also a huge unicorn on Vassivière Island. Can you tell me about this project?

YF: I was inspired by the Nazca drawings in Peru. These are geoglyphs of hundreds of meters that were discovered recently and that can only be seen from a plane. I was contemplating the possibility of reviving it.

HUO: Was it made?

YF: Yes, it was. We call it *La Licorne*[4] and it is 324 meter long.

HUO: How is it made? With what materials?

YF: It's very simple. I provided a triangulation plan. Some stakes were pounded into the ground to define the lines and pebbles were strewn along the lines. In Venice, the floating suburbs can have the shape of Saint Mark's lions.

HUO: It's your bestiary?

YF: Maybe the new role of architecture is to become a game. The installation I made at the Biennale was like a game to me.

HUO: How come the unicorn?

YF: Because it is a female animal [*la licorne*]. I love that. It's an animal that can't talk and best of all, it doesn't exist. It's a totally imaginary world, not aggressive at all.

HUO: The opposite of the lion.

YF: Yes. I made a manual about the zoological aspect of unicorns. Those animals don't eat. They survive on photosynthesis.

HUO: At the same time, unicorns correspond to your idea of the city: it's not an aggressive city, it's a peaceful one.

YF: I am mainly a pacifist. I don't like conflicts. I have generally avoided debates. Exchange of ideas is good but debates to impose one's opinion on others are out of the question for me.

HUO: Something else happened after we last met. The CNEAI[5] published your films. Can you tell me about this latest edition of your films?

YF: The "actors" are figures painted on cubes. Each side of the cube shows a phase of a movement and turning the cube, you create the movement of the figure. In my films, every time I turn the cube it creates a movement. In the 1960s I used to make a cartoon a day.

HUO: Are these films on DVD?

YF: They were re-edited. The CNEAI found the old negatives and sent them for repair. They were eventually released on DVD. I stopped doing the films, because the distributor never paid me. I never knew what was happening but it didn't work out for me. He said that he was broke but my films were distributed by the main European newspapers. He owed me money, I was never paid. Denise and I said: "If we don't get paid, we cannot go on".

HUO: What film was it, what year?

YF: 1962. The films made between 1960 and 1961 were commissioned by French state television. It was a series of 13 films, one of which received the Golden Lion and another one the Ibero-American Grand Prize. It was presented at the Cannes Film Festival. We can say that it was a great success, morally speaking.

HUO: Not financially.

YF: You know, this has also been my problem in architecture. I don't know how to price things. Fortunately, the Getty, the Centre Pompidou and FRAC[6] took my archives and my models. So I haven't had financial problems ever since.

---

4. T.N. *Licorne* in French is a feminine noun meaning unicorn.

5. Centre National de l'Edition et de l'Art Imprimé.

6. Fonds régional d'art contemporain. French regional collections of contemporary art.

HUO: ¿Los manuales finalmente salieron?

YF: El CNEAI los publicó.

HUO: ¿Me podría hablar de esos manuales que hizo para las Naciones Unidas?

YF: El primero fue un manual para el Ministerio de la Cultura [de Francia] destinado a la enseñanza de la arquitectura. Nunca fue utilizado pero la UNESCO se interesó en él y lo publicó. Se tradujo a muchos idiomas. Irán lo publicó en farsi. Yo sugerí hacer este tipo de manuales no sólo para la arquitectura sino para todas las áreas necesarias para la supervivencia: agua, comida, salud. Este proyecto fue apoyado por Indira Gandhi y las Naciones Unidas.

HUO: ¿Conoció a Indira Gandhi?

YF: La vi muchas veces. Ella creía que los manuales debían ser ampliamente distribuidos. Le gustaba el proyecto porque era muy económico.

HUO: ¿Fue publicado en un formato pequeño?

YF: Originalmente se publicó en formato A4. Fue reproducido y utilizado localmente. El Ministerio de Cultura indio reportó más de diez millones de lectores.

HUO: Era de hecho una posibilidad más allá de la arquitectura.

YF: Lo fue en cada campo. Por ejemplo, ha sido muy importante para el manejo del agua en muchos países. Fue publicado e impreso por diferentes instituciones locales en India y funcionó.

HOU: Una vez más, usted fue más allá del objeto.

YF: En la época de la conferencia de la ONU sobre el hábitat en 1976, lancé algunas fórmulas como esta: "Techo y comida", más exactamente "Comida y techo", porque la comida es muy importante. No podemos vivir sin comida.

HUO: Generalmente, en el campo de la arquitectura se construyen edificios. Esta idea de los manuales no es muy común. Me pregunto: ¿se inspiró de alguna forma en las partituras musicales?

YF: Es mucho más simple que eso. Me inspiré en las recetas de cocina que se pueden aplicar en cualquier lugar y que incluyen los detalles técnicos.

HOU: En las recetas no sólo existe el aspecto escrito, sino también algo que va más allá de las palabras...

YF: Esa era la parte que me interesaba. Tuve mucha suerte de que personas como Indira Gandhi estuvieran interesadas porque eso significó poder seguir adelante. Nunca nadie me dijo que fuera posible, pero ella sí lo creyó.

HUO: Esta es su última publicación, *L'ordre compliqué*[7]...

YF: Es curioso, usted habló de las partituras y puedo concluir que es necesario encontrar otro tipo de aritmética. Por ejemplo, en las partituras, no se puede multiplicar una partitura por otra. Se requiere otro tipo de aritmética. Hablé con científicos de la NASA y les parece lógico porque es el proceso lo que importa.

HUO: ¿Cómo ve el futuro?

YF: ¿El futuro? No sé lo que nos depara el destino, en cualquier caso es inevitable. Espero tener buena salud. Deberíamos siempre concentrarnos en el presente pero siempre con la idea de que las cosas pueden cambiar muy rápido.

HUO: Una última pregunta ya que estamos haciendo una maratón de poesía en la Serpentine de Londres. ¿Usted escribe poesía? ¿Existen poemas de Yona Friedman?

YF: No, no estoy muy seguro de mí mismo como poeta. Creo en la poesía imaginaria, aquella a la que no se le da forma ni es verbalizada. Creo que todo lo que le he mostrado aquí es más importante. He imaginado cosas...

2008

7. Friedman, Yona, *L'ordre compliqué et autres fragments* [El orden complicado y otros fragmentos], Éditions de l'éclat, París, 2008. N.d.T.

HUO: Have the manuals come out at last?

YF: The CNEAI got them out.

HUO: Can you tell me about the manuals that you made for the United Nations?

YF: The first one was a manual I made for the Ministry of Culture [of France] intended for teaching architecture. It was never used but UNESCO was interested in it and published it. It was translated into many languages. Iran published it in Farsi. I suggested making this type of manual not only for architecture but for all fields necessary for survival: water, food, health. This project was supported by Indira Gandhi and the United Nations.

HUO: Did you meet Indira Gandhi?

YF: Many times. Indira Gandhi believed that the manuals should be distributed widely. She liked it because it was very inexpensive.

HUO: Was it originally published in a small size?

YF: It was originally published in A4 format. It was duplicated and used locally. The Indian Ministry of Culture reported more than ten million readers.

HUO: It was in fact a possibility beyond architecture.

YF: It's in every field. For example, it's very important for water management in many countries. It was published and reprinted by different local institutions in India, and it worked.

HUO: Once again you went beyond the object.

YF: At the time of the UN Habitat conference in 1976, I launched some formulas like this one: "Roof and Food", more exactly "Food and Roof", because food is very important. We cannot live without food.

HUO: Generally in architecture we construct buildings. This idea of the manuals is not very common in architecture. I wonder: were you inspired by music scores in a way?

YF: It's simpler than that. I was inspired by kitchen recipes which can be applied anywhere and that lead to technical details.

HUO: In recipes there is not only the written aspect but what goes beyond words…

YF: It was this part I was interested in. I was very lucky that people like Indira Gandhi were pleased with it because it meant I also got the go ahead. No one ever told me it was possible but she thought it was possible.

HUO: Here is your latest publication, *L'ordre compliqué*[7]…

YF: It's funny because you talked about musical partitions and I can conclude that there is another type of mathematics we need to create. For example, in partitions, you cannot multiply a partition by another. Another type of arithmetic needs to be found. I talked to NASA scientists and it seems logical to them because it's the process that matters.

HUO: How do you see the future?

YF: The future? I don't know what the future has in store for us but it's unavoidable in any case. I hope to be in good health. We should concentrate only on the present but always with the idea that things can change quickly.

HUO: One last question, since we are doing a Serpentine poetry marathon in London. Do you write poetry? Are there poems by Yona Friedman?

YF: No, I'm not very self-confident as a poet. I believe in imaginary poetry, the one that is neither shaped nor verbalized. I think all I have shown you here is most important. I have imagined things…

2008

7.   T.N. Friedman, Yona, *L'ordre compliqué et autres fragments* [The Complicated Order and other fragments], Éditions de l'éclat, Paris, 2008.

Detalle de la casa de Yona Friedman, 2011

Detail of Yona Friedman's home, 2011

SIEMPRE YONA, YONA SIEMPRE – II

HANS ULRICH OBRIST: La Fundación Getty está empezando a trabajar con sus archivos.

YONA FRIEDMAN: Pues la mitad de los archivos están allí y recibirán la otra mitad después de mi muerte porque todavía estoy trabajando. Espero que eso no ocurra inminentemente, pero…

HUO: Pero, cuénteme más sobre el Getty. ¿Cuál es la situación de los archivos ahora mismo?

YF: Es una larga historia. Entre 2006 y 2008, adquirieron una gran parte de mis archivos. Se trata, sobre todo, de la parte más vieja ya que yo me quedé con una parte en la que aún estoy trabajando. He tenido mucho trabajo desde entonces, así que el Getty se llevó 200 cajas de archivos y aquí tenemos 60 cajas nuevas porque ha habido exposiciones y pequeños proyectos. Por ejemplo, el Museo de los Grafitis, el Museo en la calle en Como, el proyecto del Museo de la civilización afgana y el proyecto de *Métropole Europe*. Ha habido muchísimos proyectos. También ha habido proyectos con kamel mennour de los que usted conoce el de Basilea.

HUO: Esa fue una obra extraordinaria, ¿podría hablarme de ella?

YF: Es una técnica que se remonta a 1959. La primera vez que la utilicé fue en el concurso de Túnez. Allí, el presidente Habib Bourguiba estableció un concurso con el fin de abrir unos "Campos Elíseos" en la medina. Mi propuesta fue que no hubiera ningún tipo de demolición, sino que se hicieran por encima. Entonces utilicé esta técnica que ahora llamo *space-chains*[1], y que consiste en construir con círculos. La he utilizado varias veces. Es también una técnica muy interesante desde el punto de vista de la construcción. Es una cuestión muy técnica, pero en una *space-frame*[2], las uniones entre las piezas representan siempre un problema. Con este tipo de técnica, no existe esta dificultad porque se unen las piezas de la misma manera en la que en una cadena se unen dos círculos, lo que facilita el trabajo enormemente.

HUO: ¿Cómo se le ocurrió esta idea?

YF: Es simplemente que al desarrollar la *space-frame*, estuve fuertemente influenciado. Konrad Wachsmann, introdujo la *space-frame*. En ella el problema había sido las uniones. En general esto había sido muy complicado y había determinado la configuración. Así que pensé: si no utilizamos barras rectas, sino curvadas, será mucho más fácil. En ese momento, hice un círculo, etc. Había ese concurso de Túnez que fue la oportunidad de presentar el proyecto. Evidentemente, el proyecto de Túnez no le aportó nada a nadie porque los "Campos Elíseos" de Bourguiba nunca se hicieron.

Pero regresemos a Basilea. Este sistema tiene algo que no es puramente técnico y que es interesante. Un círculo es un polígono indeterminado, así que puedo construir con ese círculo y considerarlo, por un lado, un triángulo y, por el otro, un cuadrado, y luego añadir un tetraedro. En geometría, es imposible tener un cubo, un cuadrado y, sobre eso construir directamente, [yo] tendría una pirámide triangular. Pero con la *space-chains technique*[3], sí porque el círculo es al mismo tiempo cuadrado y triángulo. En Basilea intenté mostrar esta característica técnica a gran escala y, además, se podía improvisar completamente. No hicimos un dibujo previo; improvisamos en el lugar y, para mí, eso es lo más importante. ¿Qué es lo que me interesa realmente de la arquitectura ahora? Se trata de una continuación lógica de la *Architecture mobile*: la improvisación. Esto quiere decir construir, concebir sin un plano detallado, sin dibujos técnicos, en el lugar; como si la arquitectura se experimentara.

---

1. Cadenas espaciales, en inglés en el original. N.d.T.
2. Estructura espacial, en inglés en el original. N.d.T.
3. Técnica de cadenas espaciales, en inglés en el original. N.d.T.

EVER YONA,
YONA, EVER – II

HANS ULRICH OBRIST:
The Getty Foundation has started
working on your archives.

YONA FRIEDMAN: Well,
half the archives are over there, and
they'll get the other half after my
death, because I'm still working.
I hope it's not imminent, but...

HUO: Tell me more about
the Getty. What is the situation
of your archives now?

YF: It's a very long story, as usual.
Between 2006 and 2008 they acquired
a large part of my archives. This is
essentially the old part, because
I kept the part I'm still working
with. And since then I've had a lot
of work over these last years, so
the Getty took away 200 boxes of
archives and we have 60 new boxes,
because there have been exhibitions,
small-scale initiatives – for example,
the Graffiti Museum, the Street-
Museum in Como, the project for
a Museum of Afghan Civilisation
and the Metropolis Europe project.
There have been lots of projects.
There were also operations with
kamel mennour, whose project
for Basel you know about.

HUO: Do tell me about the Basel
piece, because it was extraordinary.

YF: It's a technique that dates
from 1959. The first time I did it
was for the Tunis competition. In
Tunis, President Habib Bourguiba
organised a competition with a view
to opening up a "Champs-Elysées"
in the Medina. What I proposed
was not to demolish anything but to
go straight over the top. I used this
technique that I now call space-chains,
which is a construction technique
based on circles. I have used it several
times. It's a technique that is also very
interesting from the point of view of
construction. It's very technical but
within a space-frame. The problem is
always the joins where the pieces meet.
With this kind of technique you don't
have that difficulty because you join
two circles as you would in a chain, and
that makes things a great deal easier.

HUO: How did this
idea come to you?

YF: It's simply that developing
further the space-frame I was strongly
influenced. Konrad Wachsmann
introduced the space-frame. The
problem about that was the joints and,
in general, that was very complicated
and determined the configuration. So I
thought, if I don't use straight bars, but
curved ones, then it becomes easier. So
at that moment I made a circle, etc. And
there was this competition in Tunis,
which was an opportunity to present
the project. Of course, no one got
anything out of the Tunis competition
because, obviously, Bourguiba's
"Champs-Elysées" didn't happen.
But, to come back to Basel, there's
something not purely technical about
this system that is interesting. A circle is
an indeterminate polygon, so I can build
with this circle and consider the circle
on one side, say, as a triangle, and on
the other as a square. In geometry, it's
impossible, for example, to have a cube,
a square, and then link them and add a
tetrahedron. But with the space-chains
technique you can have that, because
the same circle is at once a square and
a triangle. At Basel I tried to show this
technical characteristic on a large scale.
The second thing is that it could be
totally improvised. We had no already-
made design. We improvised on-site
and for me that's the most important
thing. What is it that really interests
me in architecture today? It's the
logical continuation of the *Architecture
mobile*: it's improvisation. That means
building, conceiving without a detailed
plan, without technical drawings,
on-site, as if, you might say, one was
experimenting with architecture.

HUO: No es solamente arquitectura como un campo experimental, sino también es a lo que se refiere Gilles Deleuze cuando dice: "Estar en el medio de las cosas pero estar en el centro de nada". Eso es muy usted.

YF: Sí, es muy bello. Como todas esas cosas, sabe... A mí me gusta mucho ese tipo de declaración porque dice algo o no dice nada, como uno quiera, pero suena bien.

HUO: ¿Qué filósofos y pensadores le dieron ideas? ¿Han sido Foucault o Deleuze inspiración para usted?

YF: He tenido un maestro intelectual muy importante: mi perro. Un perro improvisa durante toda su vida, en cada situación. En mis propuestas intento pensar en una persona siendo capaz de hacer algo instintivamente, como lo hacen otros animales. A eso le llaman el instinto. No es el instinto, son las reflexiones, reflexiones sin formalizar. No hay frases planeadas, no hay fórmulas; es simple, como lo que se hace al cocinar. Siempre pongo recetas de cocina como ejemplo. Usted leerá a un gran maestro que hace fórmulas exactas, pero cada ama de casa hace las cosas a su manera, corrige e improvisa. Tenemos las verdaderas máquinas, tenemos toda la predisposición fisiológica, etc. Nuestra imaginación está muy determinada y cuando hablo de improvisación, es en cierto sentido limitada. Así como el perro no improvisa ballets ni hace música; improvisa en el mundo canino.

HUO: ¡Este es un nuevo invento!

YF: Sí. Fue pensado como un vitral.

HUO: Ha puesto bolsas de plástico entre dos láminas de plexiglás.

YF: Sí, bolsas de plástico que no he tirado; y cuando el tiempo está soleado, da una luz bastante sorprendente.

HUO: ¿Y estas figurillas?

YF: Son figurillas del pesebre de Navidad. Hace mucho que están ahí. Hay todo tipo de objetos. Pero los objetos, cuando hay objetos, son menos intersantes; la acumulación es lo que produce algo nuevo.

HUO: ¿Qué es esto?

YF: Son cosas que he traído en su mayoría de India. Pero es el revoltijo de todo lo que genera algo nuevo.

HUO: Así que podría decirse que es de hecho la permanencia de los fragmentos lo que crea algo nuevo.

YF: Con la ciudad es lo mismo. La ciudad es un revoltijo permanente de cosas que cambian. Una ciudad no es la misma durante dos días.

HUO: Como dijo el gran historiador del arte Panofsky: "Lo nuevo siempre se fabrica con fragmentos del pasado". ¿Está de acuerdo con eso? ¿De dónde viene lo nuevo?

YF: Es evidente. Yo pienso un poco diferente, pero lo "nuevo" no existe. Lo "nuevo" que existe o lo "nuevo" que no existe, es lo mismo. Me parece tan ridícula la manida expresión "los creadores". No hay "creadores". Hay alguien que hace una improvisación y que está muy bien. Esas grandes elocuencias, a mí no me gustan. Vea, un ensamblaje como ese, un perro lo puede hacer, pero no con el mismo objetivo.

HUO: Es magnífico. Cada vez se ve algo nuevo.

YF: Para mí no es una creación, es mi mundo privado. Puede existir y ya está.

HUO: It's not only architecture as an experimental field but it's also what Gilles Deleuze means when he says: "Being in the middle of things and at the centre of nothing". That's very you.

YF: Yes, that's very nice. It's like everything, you know. I like that kind of statement because it says something, or not, depending, but it sounds good.

HUO: Who are the philosophers and thinkers who gave you ideas? Was Foucault an inspiration for you? Or Deleuze?

YF: I have had one very important intellectual guide: my dog. A dog spends its whole life improvising. Improvising in every situation. You see, in my propositions I try to imagine a person being able to make something, instinctively, like other animals do. We call it instinct but it's not instinct, but thoughts, only thoughts that are not formalised. There are no define words, no formulae, it's simple like what happens with cooking. I always give recipes as an example. You can read a great master who gives exact formulae, but every housewife does it her own way; she corrects, she improvises. We have real machines, we have all the physiological dispositions, etc. Our imagination is highly determined, and when I say improvisation, it's in a way limited. Like the dog: it doesn't improvise ballets, it doesn't make music. It improvises in the canine world.

HUO: That's a new invention!

YF: Yes. It was meant for a *vitrail*[1].

HUO: You have put plastic bags in between two plexiglas sheets.

YF: Yes, plastic bags that I didn't throw away, and when it's sunny, the light is quite surprising.

HUO: And these figurines?

YF: They are santon crib figures. They've been there a very long time. There are all kinds of objects. But the objects, if there are objects, are less interesting: it is the accumulation what makes something new.

HUO: What is this?

YF: Those are things I brought back mostly from India. But as you can see, the hotchpotch around all that makes it something new.

HUO: So we can see that in fact the fragments are constantly making new things.

YF: It's the same with a city. The city is always a jumble, with things changing. A city is never the same two days in a row.

HUO: As the great Art historian Panofsky said, "The new is always made with fragments of the past." Do you agree with that? Where does the new come from?

YF: It's obvious. Personally, I see it a bit differently, but the "new" does not exist. The "new" exists or the "new" doesn't exist, it's all the same thing. I think it's so ridiculous, that much used expression "creators". There are no "creators". There is someone who does a little improvisation, and that's fine. I don't like all this high-flown language. Take that assemblage: a dog could do it, but definitely not with the same objective.

HUO: It's magnificent. You see something new every time.

YF: For me that is not a creation: it's my private world. It may exist, and that's it.

---

1. Stained glass window.

HUO: Pero algo que quería preguntarle es la cuestión del autor en relación con eso. Estoy leyendo a Julia Kristeva sobre Hannah Arendt y hay un capítulo muy interesante sobre el asunto de lo que es activo y lo que es pasivo. De un lado, ella dice que, evidentemente, ser pasivo puede ser muy peligroso porque es ser como Eichmann, quien ejecutó las órdenes de Hitler, él era pasivo. Así que ella se pregunta que, si ni se trata de dar órdenes ni de ejecutarlas, porque no queremos ni dar órdenes ni ejecutarlas, ni ejercer ninguna influencia, ni someternos, ¿cómo definimos a una mujer? Y en ese momento, Kristeva dice: "Lo importante para mí es comprender. Desde mi punto de vista, la escritura es cuestión de buscar un entendimiento... Y si otros comprenden [...] eso me produce una cierta satisfacción, como estar en casa. La modestia de esta posición de comprender oculta una variedad de significados escondidos. La com-prendedora espera, acepta y recibe: un espacio abierto, permite ser usada, expone, ella es con (com-, com-), una matriz de naturalidad estudiada. [...] Al mismo tiempo, la comprendedora retiene: selecciona, derriba, moldea y transforma los elementos". Es interesante en relación con el urbanismo, ¿no cree?

YF: Por supuesto. Hace unos veinte años escribí un texto que se llama *Le droit de comprendre* para una colección en memoria de René Cassin. Comprender que no es algo nuevo sino que se trata de poner un poco de orden, insertar una información nueva, encontrar el lugar en dónde insertarla. Se trata de improvisar [porque] puede insertarse en muchos lugares. Y creo que todos esos textos tienen un lado estupendo y otro lado banal. Es increíble cómo la cultura puede volverse banal. Pero si uno se adentra en ella, ya no lo es.

HUO: Si hay una acción.

YF: Quiere decir que el público es quien la desbanaliza.

HUO: Exactamente; es la participación, por decirlo de alguna manera.

YF: Es más que eso. No es sólo participación, es interpretación, a su modo. Si miro un objeto, no participo, pero veo algo en ese objeto, es decir, lo interpreto. El objeto no cambia, yo no cambio, pero algo pasa.

HUO: Estoy totalmente de acuerdo; estas citas son siempre muy limitadas, pero hay algo que es muy interesante, es el aspecto femenino de la "comprendedora" y, de alguna forma, esta idea de acoger el espacio abierto, dejar escoger, transformar. En el siglo XX la ciudad ha sido hecha por los hombres y los manifiestos también son muy masculinos, y todo está en una especie de borrador. Uno podría preguntarse si el siglo XXI es más bien el siglo de la conversación, que es algo tal vez más femenino que masculino. Esta también es mi pregunta en relación con la ciudad.

YF: Yo creo que en el arte lo interesante es ser una persona apasionada. Así lo veo yo. Lo que dice de los manifiestos... no, también pueden ser femeninos. Simplemente el estilo es diferente. Pero creo que cada quien ve la ciudad a su modo, no importa en qué realidad se esté. No todo el mundo es capaz de expresarse exactamente en el lenguaje del otro. El perro lo ve todo, vive en un sistema coherente, ve un mundo coherente, pero no lo ha formalizado, no tiene nada. Es intraducible; soy yo como observador, veo que existe, el perro ve el mundo. Con el perro es intraducible, mientras que con los humanos, varones o hembras, es un poco más traducible. Eso quiere decir que puedo comprender una parte, lo que implica enormemente de errores y malentendidos. Es por eso que en la arquitectura, ya lo he dicho, es imposible que el arquitecto haga lo que el usuario quiere. La única forma, es tener una técnica en la que el usuario haga lo que quiere y no haya intermediario.

HUO: One thing I wanted to ask about is the question of the author in relation to this. I am reading Julia Kristeva on Hannah Arendt, and there's a very interesting chapter on this question of who is active and who is passive. On one side, of course, she says that being passive can be very dangerous because, it is like Eichmann who carried out Hitler's orders. He was passive. And she says, how can we define a woman, if she does not give orders, execute them, influence them, or obey them? Here Kristeva quotes Arendt: 'What is important for me is to understand. For me, writing is a matter of seeking this understanding... And if others understand [...] that gives me a sense of satisfaction, like feeling at home'. The modesty of this "comprehending" posture conceals a rich assortment of hidden meanings. The com-prehender waits, accepts, and welcomes: an open space, she allows herself to be used, the sets forth, she is with (cum-, com-), a matrix of studied casualness. [...] At the same time, the comprehender apprehends: she selects, tears down, moulds and transforms the elements'. This is interesting in relation to urbanism, don't you think?

YF: Absolutely. A good twenty years ago I wrote a text entitled *The Right to Understand*. It was for a collection in memory of René Cassin. Understanding is not something new but rather like creating an order, inserting new information, finding the place to insert it. It's improvising; there are lots of places where it could be inserted. I think there's something very fine about all these texts and, on the other hand, something banal. It's amazing how culture can become banal. But if you put yourself inside it, it's no longer banal.

HUO: If there is an action.

YF: That means that it's the public that keeps it from being banal.

HUO: Exactly. It's the participation, so to speak.

YF: It's more than that. It's not just participation, it's interpretation, in its way. If I look at an object, I'm not taking part but I am seeing something in that object; that is to say, I am interpreting. The object doesn't change, and I don't change, but it becomes something.

HUO: I totally agree. These quotations are always very limited but there's something that is very interesting, this female aspect of the comprehender and, in a way, this idea of welcoming open space, of letting things be chosen, transformed. In the 20th century, the city was made by men, and manifestos, too, were very masculine, and rather sketchy. One might wonder if the 21st century isn't more a century of conversation, which maybe is more feminine than masculine. That, you see, is also part of my question regarding the city.

YF: I think that the interesting thing in art is being passionate. That's how I see it. What you are saying about manifestos, well no, they can also be feminine. It's just that the style is different. But I think that the city, or any reality, is something everyone sees in their own way. Not everyone is capable of expressing themselves exactly in the language of the other. I'll come back to the dog. The dog sees everything, lives within a coherent world, but it hasn't been formalised. There's nothing. It's untranslatable. It's just that, as an observer, I can see that it exists, that the dog sees the world. With the dog, it's untranslatable but with humans, male or female, it's a little bit translatable. That means that I can understand a bit, which means there are mistakes, misunderstandings. That's why I said that in architecture it's impossible for the architect to do what the user wants. The only solution is to have a technique in which the user does what he wants and there are no middlemen.

HUO: ¿ Me podría contar cómo es esa negociación entre lo activo y lo pasivo?

YF: El archivo, son simplemente rastros, nada más. Rastros. Esa es exactamente la idea del Getty. No están interesados en lo que he publicado y demás porque eso ya lo tienen en su biblioteca. Lo que les interesa son los croquis, las notas, los textos reformulados que he escrito cuatro veces de forma diferente.

HUO: Así que han entendido la lógica de su trabajo. Han entendido su pensamiento.

YF: Sí, exactamente. Han leído las notas, los garabatos.

HUO: Pienso a menudo en su descripción del urbanista, que es una especie de analogía con el comisario. ¿Cómo ve la noción de comisario? También existe el riesgo de que el comisario tenga un *masterplan, top-down*[4]. Así que el comisario tiene, de cierta forma, un reto sismilar.

YF: Por supuesto. Una exposición se trata de mostrar objetos acabados y está muy bien, es lo que hace un comerciante. Pero creo que lo interesante es exponer cosas, exponer la coherencia del objeto final. Eso quiere decir que el curador es simplemente una persona creativa que hace algo, inclusive comete errores al poner cierta cosa al lado de cierta otra. Estoy en contra de la idea del museo. Pero exponer cosas es un trabajo difícil porque se trata de dar coherencia, de transmitir una idea.

HUO: A pesar de su escepticismo respecto a los museos, ha hecho muchos proyectos de museos. Existe su museo en India, su proyecto para el Centro Pompidou. Son museos en la calle de alguna forma.

YF: Sí, pero son siempre museos anti-museos que no corresponden con el concepto tradicional de museo. Estoy en contra del "edificio" del museo, es decir, que el museo tenga un edificio. El museo debe consistir en exponer una idea. En India, el museo era el edificio mismo. Había historietas que mostraban cómo había sido hecho. Era la misma albañilería la que se exponía. Con mi proyecto del Centro Pompidou la idea era que el edificio cambiara para cada exposición, que tomara un aspecto completamente diferente; diferentes volúmenes.

HUO: Exteriores e interiores.

YF: Exteriores e interiores. No se trata de que cambie el montaje, sino la escultura del edificio. Y es por eso exactamente que estoy en contra del museo que comienza con un edificio en el que después se organizan objetos.

HUO: Quisiera saber un poco más sobre este museo porque no lo hemos hablado lo suficiente. ¿Cómo se llama? [enseñando una maqueta].

YF: Hace seis años el FNAC[5] compró muchas maquetas y la decoración de este apartamento. Entonces es exactamente como lo hemos expuesto. Al principio yo lo guardé aquí por razones técnicas. Propuse que no se expusiera dentro de un edificio, sino se empleara la técnica que utilicé en el Museo en la calle, es decir un amontonamiento de cajas de plexiglás, o que fuera sobre una estructura así, mírela, un *iconostase*. No es un edificio, es una escultura y una vitrina a la vez. Y creo que esa es la intención.

4. Un plan maestro elaborado de arriba hacia abajo. En inglés en el original. N.d.T.

5. Fonds national d'art contemporain. N.d.T.

HUO: Can you tell me what is the nature of this negotiation between active and passive?

YF: The archive is simply traces, nothing else. They are traces. That's exactly the idea of the Getty. They weren't interested in what I'd published and all those things, because they have them in their library. But the sketches, the notes, the reformulated texts, which I wrote four times, each one different: that's what interests them.

HUO: So they understand the logic of your work. They understand the way you think.

YF: Yes, exactly. They have read all the notes, the scribbles.

HUO: I often find myself thinking of your description of the urban planner, a kind of analogy with the curator. How do you envisage the notion of the curator? There's also the risk that the curator will have a top-down masterplan. So, the challenge facing the curator is similar, in a way.

YF: For sure. An exhibition means exhibiting finished objects. That's fine, it's what a shopkeeper does. But what I think is interesting is exhibiting things, exhibiting the coherence of the final object. This means that the curator is a creative person who makes something, even if only by their mistakes: putting this thing beside this other. I am against the idea of the museum – I spoke about that in Basel. A museum is not necessary – a building for the museum. But exhibiting things is giving coherence, giving an idea, and that's difficult.

HUO: Despite this scepticism of yours about museums, you have done a lot of museum projects. There's your museum in India, there's your project for the Centre Pompidou. Those are museums, in a way.

YF: Yes, but always anti-museum museums. It's not the concept of the museum I'm against, but the museum building, that the museum has a building. A museum should be about exhibiting an idea. In India, the museum was the building itself. There were cartoons showing how it had been made. It was the building itself that was exhibited. The idea with my project for the Centre Pompidou was that the building should change for each exhibition, take on a completely different appearance. Different volumes.

HUO: External and internal.

YF: External and internal. It's not a hanging but the sculpture of the building that changes. And that's exactly why I'm against the museum that begins with the building, and then after that you arrange the objects in the building.

HUO: I'd like to know a bit more about this museum, which we haven't talked about enough. What's it called, this museum? [showing a model].

YF: Six years ago the FNAC [2] bought lots of models as well as the décor of this apartment. And it was exhibited exactly. So, at first I kept it here for technical reasons. I suggested exhibiting it not in a building but either with the technique that I used in the Street-Museum, that is, with an accumulation of plexiglas boxes, or with a structure like this, as you see here: an *iconostase*. It's not a building, it's both a sculpture and a display case. And I think that's the plan.

---

2. Fonds national d'art contemporain.

HUO: Y este apartamento, ¿será trasladado? ¿Qué va a pasar con el apartamento?

YF: No, existe la tecnología. Van a quitar la decoración, etc. y se expondrá una reproducción a tamaño natural sobre un iconostasio.

HUO: ¿Y este apartamento permanecerá aquí y la copia estará allí?

YF: El original irá al FNAC.

HUO: ¿Así que no podrá quedarse aquí?

YF: No, es imposible legalmente. Son razones jurídicas. Pero este comedor ha sido reproducido a tamaño natural en Shanghái en 2007 y también reproducido a tamaño natural fotográficamente en Mouans-Sartoux. Así que es posible, hay registros digitales.

HUO: Que permiten duplicar.

YF: Sí, es una técnica que también permite exponer sin la necesidad de guardarlo, sin que sea dentro de un edificio, sin tener problemas con la intemperie porque las fotos son reemplazables. Vuelvo a la cuestión de por qué estoy en contra del "edificio" del museo. Ahora estoy probando diferentes tipos de exposiciones, utilizando simplemente vitrinas, vitrinas de tiendas.

HUO: Y esas vitrinas pueden ser interiores o exteriores. Así que uno se puede imaginar que usted hace vitrinas como *villes spatiales*, ¿no es así?

YF: Sí, es un poco el principio. Esas imágenes se hicieron para Bélgica y Zúrich. He recibido fotos de un cierto número de vitrinas que se utilizarán para hacer una exposición organizada por Adrian Notz del Cabaret Voltaire. Yo he propuesto eso, como incitación. Porque lo que me interesa es que la gente dice "yo eso lo puedo hacer", ¡pues hacedlo!

HUO: ¿Tiene museos que no se hayan realizado? ¿Museos utópicos?

YF: En 2000 un pequeño periódico me preguntó: "¿Cómo ve el museo del siglo XXI?" Así que hice un proyecto de mi concepción del museo del siglo XXI. Exige algo de explicación. Imagínese que en 1800 alguien hubiera preguntado ¿cómo es el museo del siglo XIX? El siglo XIX comienza con Napoleón y termina con el concepto de la teoría cuántica y con la radio. Es imprevisible. Así que sólo hay una manera de hacerlo y es que el museo se construya a sí mismo, a medida que transcurre. Para el museo del siglo XXI propuse un barrio, una *ville spatiale*. El barrio está habitado y hay una comisión curatorial que cada año o cada cinco años, no importa, pasa por este barrio y decide qué cosas se conservan. Podría ser una cocina, un cubo de basura, un buzón o lo que sea, objetos cotidianos. El barrio sigue funcionando. Y [el museo] no se construye sino hasta el fin de siglo. Es diferente a que si se construyera desde el principio.

HUO: And would this apartment be transferred? What's going to happen to the apartment?

YF: No, we have the technology. They're going to remove the interior, etc. The life-size reproduction will be exhibited on an *iconostase*.

HUO: And this apartment will stay here. The original would stay here and they'd have the copy?

YF: The original will go to the FNAC.

HUO: So, it can't stay in this building?

YF: No, that's legally impossible. These are legal matters. But you know, this dining room was reproduced full-scale in Shanghai in 2007, reproduced photographically full-scale at Mouans-Sartoux. So, it is possible. There are digital recordings.

HUO: Which allow you to duplicate.

YF: Yes, it's a technique that means that you can exhibit without having to have the thing guarded or without necessarily being in a building, without the problems of bad weather, because photos can be replaced. This brings me back to my objection to the museum as building. I have made several attempts at exhibitions that simply use display windows, shop windows.

HUO: And these display windows can be indoors or outdoors. So, one can imagine that you make your windows like *villes spatiales*, right?

YF: That's right. That's the kind of idea. In Belgium and Zurich we made these images, I've received photos of a number of display windows that we'll use to make the exhibition. It was Cabaret Voltaire who organised that: Adrian Notz. I just made the suggestion to encourage people. Because what interests me about it is that people will say, "Hey, I can do that." So then do it!

HUO: Do you have museums that were never made? Utopian museums?

YF: In 2000 a small-circulation periodical asked me "How do you see the museum of the 21st century?" That called for a few explanations. Imagine in 1800 if someone had asked, "what is the museum of the 19th century going to be like?". The 19th century begins with Napoleon and ends with the concept of the quantum theory and radio and all that. It was totally unpredictable. So, there is only one way for this kind of museum to be constructed – as it goes along. So, for the museum of the 21st century, I proposed a neighbourhood. I proposed a *ville spatiale*. And this neighbourhood is inhabited. There's a curatorial committee, which, every year, every five years – it doesn't matter – passes through the neighbourhood and says what things will be kept. The neighbourhood continues to function. It would be somewhere: a kitchen, a dustbin, a letterbox – anything, everyday objects. And it would go on being built in this way to the end of the century. This means it would be very different from what it was at the start.

HUO: Un principio evolutivo.

YF: Sí, constantemente se toman y conservan cosas características. La idea es que se construya a sí mismo.

HUO: Y ahora también el MUSAC hace un proyecto con usted. La entrevista que estamos haciendo es para su publicación monográfica. ¿En qué consiste el proyecto para el MUSAC?

YF: No lo sé aún. Yo veo la ciudad misma como un museo. Creo que es eso. Y el museo más grande del mundo, siempre lo he dicho, son las vitrinas de las tiendas. Y tal vez lo único que hubiera sido necesario, habría sido una actitud curatorial. Es decir, que la cuestión de la ciudad es la de cómo unir los diferentes elementos para el espectador, que no es el turista, sino el ciudadano. Es un museo que consiste simplemente en conservar las cosas existentes y darles cierto sentido; es poesía. Es poetizar la ciudad.

HUO: Y es algo muy bello. Esa podría ser casi la conclusión. Pero antes de concluir, quisiera saber más de León. ¿Qué es lo que va a hacer en León, España?

YF: No lo sé. De León lo único que conozco son los frescos. Los frescos románicos que son absolutamente magníficos. No sé, no conozco la ciudad.

HUO: ¿Cuál es su relación con España? ¿Ha hecho alguna vez algo en España?

YF: Me gusta mucho España. ¿Conoce Calatayud? Yo la conozco, es una ciudad pequeña.

HUO: ¿En España?

YF: Sí. La conozco porque tomé el tren y me bajé. Y ahora hay otra ciudad que es muy conocida, pero cuando yo estuve era prácticamente desconocida, Cuenca. Pero en todas partes, no sólo en España, las ciudades son el aspecto de un país; uno de los aspectos, porque también están los paisajes, la agricultura, etc. La idea de cómo presentarlo, es tal vez un recorrido. Había algo en Budapest que tenía un lado muy cómico. Hicieron un complejo de copias de edificios históricos que era interesante. No se parecía a nada. Pienso en otro lugar, ¿conoce el Pueblo Español de Barcelona? Bueno, pues no digo que eso sea lo que hay que hacer. Construyen el Pueblo Español o la cosa de Budapest porque tienen la idea de no presentar los objetos aislados. Sí, pero hay una realidad. ¿Por qué copiar? ¿Cómo dar al espectador el vínculo entre los elementos de la realidad?

HUO: "¿Cómo dar vínculos a la realidad?" Sí, es una frase muy bonita y, de nuevo, muy ligada al comisariado porque eso es lo que el comisariado hace también, crear vínculos entre las realidades.

YF: Sí, pero mire Venecia, es el museo perfecto. Porque sigue viva, porque no es el Pueblo Español, es una ciudad real. Hay de todo y no está compuesta de obras de arte. Hay muchas ciudades así, Venecia es fácil de presentar.

HUO: Tal vez una última pregunta frente a eso. Esto ya se lo he preguntado antes, pero tengo curiosidad de saber la respuesta hoy, en 2011. ¿Cuál es su consejo para un arquitecto o un artista joven?

YF: Para un arquitecto joven, no pensar demasiado en el edificio. Puede ver en mi página web:

http://vimeo.com/user5160788

HUO: ¿Y para el artista?

YF: No hay consejo. Él es el único juez. Voy a explicarlo: un edificio alto es peligroso para las personas, pero generalmente un artista, no es, al menos, inmaterialmente peligroso.

2011

HUO: An open-ended principle.

YF: Yes. And all the time, characteristic elements are being fixed and preserved. The idea is that it constructs itself.

HUO: And now there's also the MUSAC that is doing a project with you. This interview we're doing is for the monograph. What is the project for MUSAC?

YF: Well, I don't know yet. Personally, I see the city itself as a museum. That's how it is for me, and I've always said that the biggest museum in the world were the shop windows. Perhaps that is because a curatorial approach was necessary there. So how do you connect these things in the city for the beholder? Note, this is not like something for tourists, for organised travel, although it is for tourists too. You know, a museum that simply consists in keeping the things that exist and giving a certain meaning. That's the poetry of it. Poetising the city.

HUO: That's very fine. It could almost be the conclusion. But before concluding, I'd like to know more about Leon. What are you going to do in Leon, in Spain?

YF: I don't know. The only thing I know in Leon is the frescoes. The Romanesque frescoes, which are absolutely superb. I don't know. I don't know the city.

HUO: What is your connection with Spain? Have you done things there in the past?

YF: I like Spain a lot. Do you know Calatayud? I know it. It's just a small town.

HUO: In Spain?

YF: Yes. I know it because I've taken the train and I got off there. And now it's another city that is very famous, but when I went there it was practically unknown. I think about Cuenca. But it's everywhere, not just in Spain. Cities really are the face of a country, or one aspect, because there are the landscapes, the agriculture, too. The idea is how to present it. It may be an itinerary. There was something in Budapest that was very comical in a way. They made a complex of copies of historical buildings. It was interesting, like nothing else. That brings to mind another place. Do you know the Pueblo Español in Barcelona? Well, I don't mention that because it's what should be done. I mean, the idea of not presenting isolated objects, isolated things, whereas the Pueblo Español was built; the thing in Budapest was built. Yes, but there's also reality: why copy? How do you give the viewer the link between elements of reality?

HUO: "How do you give the links to reality?" That's very nicely put and, again, it is closely linked to curating, because that is what curating does: it links realities.

YF: Yes, but look at Venice, it's the perfect museum. Because it's still alive, because it's not the Pueblo Español: it's a real city. There is everything and it's not made up of artworks. There are lots of cities like that. Venice is easy to present.

HUO: One last question about that, maybe. I've already asked you this before, but I'm curious about your answer now in 2011: what advice would you give to a young architect or a young artist?

YF: For a young architect: don't think about the building too much. She or he can visit my website, http://vimeo.com/user5160788

HUO: And for the artist?

YF: There's no advice. He is sole judge. Let me explain. A tall building is dangerous for people, but an artist generally isn't dangerous, at least materially.

2011

Escritorio de Yona Frieman, 2011

Yona Friedman's desk, 2011

YONA FRIEDMAN

**BIOGRAFÍA Y SELECCIÓN
DE PROYECTOS /
BIOGRAPHY AND
SELECTED PROJECTS**

Budapest, Hungría / Budapest, Hungary, 1923
Vive y trabaja en París, Francia / Lives and works in Paris, France

2009
- http://vimeo.com/user5160788
- Museo de los Grafitis, París, Francia (construído) / Graffiti-Museum, Paris, France (built)
- *Altane pubbliche*, Venecia, Italia / *Altane pubbliche*, Venice, Italy
- *Ponte della Libertà*, Venecia, Italia / *Ponte della Libertà*, Venice, Italy

2008
- Museo de la civilización afgana, Bamiyán, Afganistán / Afghan National Museum, Bamiyan, Afghanistan
- Museo en la calle, isla de Vassivière, Francia (construído) / Street-Museum, Vassivière Island, France (built)

2004-2008
- Museo en la calle, Como, Italia (construído) / Street-Museum, Como, Italy (built)

2004
- París olímpico, Francia / Olympic Paris, France
- *Ville Spatiale* sobre el estadio, Milán, Italia / *Ville Spatiale* over the Stadium, Milan, Italy

2003
- *Ville Spatiale*, Berlín, Alemania / *Ville Spatiale*, Berlin, Germany
- *Collages*, Venecia, Italia / *Collages*, Venice, Italy

2002-2007
- Huangpu *River Centre*, Shanghái, China / Huangpu River Centre, Shanghai, China

2001
- Mural para la 1ª Trienal de Yokohama, Japón / A mural for the 1st Yokohama Triennale, Japan

2000
- Concurso arte público, Milán, Italia / Urban art competition, Milan, Italy
- Museo de Arte Moderno, Bruselas, Bélgica / Modern Art Museum, Brussels, Belgium

1999
- Museo del s. XXI, París, Francia / Museum of the 21st century, Paris, France

1994
- *Haram es Sharif*, Jerusalén, Israel / *Haram es Sharif*, Jerusalem, Israel

1990
- Centro administrativo para la Unión Europea, Estrasburgo, Francia / Administrative Center for the European Union, Strasbourg, France
- Puente de la paz, Tel-Aviv, Israel / Peace-bridge, Tel-Aviv, Israel
- Torre en espiral / Spiral Tower
- ca. 1990. Ampliación del MoMA, Nueva York, EE.UU. / MoMA Extension project, New York, U.S.A.
- Concurso para Samarkanda, Uzbekistán / Samarkand competition, Uzbekistan

1989
- Concurso para el *Tokyo International Center*, Japón / Competition for the Tokyo International Center, Japan
- Proyecto para el Bicentenario de la Revolución francesa / Project for the Bicentenary of the French Revolution

1988
- Pasarela de museo, París, Francia / Museum walkaway, Paris, France
- Iglesia verde, París, Francia / Green Church, Paris, France

1987
- Proyecto del Museo sin puertas / Museum without Doors project
- *La Villette*, París, Francia (construído) / *La Villette*, Paris, France (built)

1986
- Proyecto para la ampliación el Museo del Bronx, Nueva York, EE.UU. / Project for the extension of the Bronx Museum, New York, U.S.A.
- Projectos de cúpulas / Dome projects

1982-1986
- Museo de la tecnología simple, Madras, India (construído) / Museum of Simple Technology, Madras, India (built)

1982
- Concurso para la *Tête de La Défense*, Puteaux, Francia / Competition for the *Tête de la Défense*, Puteaux, France
- Concurso para la nueva Ópera, París, Francia / Competition for the new Opera House, Paris, France

1980
- Viaje a India donde conoce a Indira Gandhi / Trip to India and meets Indira Gandhi
- Viviendas de autoconstrucción, Belapur, India / Self-help Housing, Belapur, India
- c. 1980 Concurso para el Teatro Nacional, Budapest, Hungría / Competition for the National Theater, Budapest, Hungary

1979
- Arquitectura verde / Green Architecture

1977-1981
- Instituto David d'Angers, Angers, Francia (construído) / David d'Angers Highschool, Angers, France (built)

1975-1976
- Centro informático, Secunderabad, India / Computer Center, Secunderabad, India

1975
- Alfombra urbana, Burdeos, París y Menton, Francia / Urban Carpet, Bordeaux, Paris and Menton, France
- Arte en la calle, París, Francia / Art in the street, Paris, France

1974
- Pictogramas / Pictograms
- Centro administrativo de la compañia CDC Dubonnet Byrrh, Ivry, Francia / Administrative Center of the CDC Dubonnet Byrrh firm, Ivry, France

1970-1975
- Construcción en bambú, India / Bamboo Construction, India

1970
- Concurso para el Centre Pompidou, París, Francia / Paris, France
- Variaciones de una fachada sin estructura / Variations on a façade with no structure
- *Space-chains* / Space-chains
- Concurso con Guy Rottier para Niza, Francia / Competition with Guy Rottier, Nice, France

1969
- Ciudad sobre pilotis, Venecia, Italia / City on Stilts, Venice, Italy
- Paraguas para Les Halles, París, Francia / Umbrella for Les Halles, Paris, France

1967
- *The Flatwriter*, proyecto de máquina de escribir de proyectos arquitectónicos / The Flatwriter, typewriter project for architectural projects
- Parlamento, Dares Salaam, Tanzania / Parliament House, Dares Salaam, Tanzania

1965
- Funda el / funds the GIAP, *Groupe international d'architecture prospective*

1964
- Proyectos americanos, Nueva York, EE.UU. / American projects, New York, U.S.A.
- Estaciones de tren / Railway stations

1963
- Ciudades-puente / Bridge-Towns

1960
- Dibujos animados / Animated cartoons

1962
- Europa, Ciudad-continente / Continent-City Europe

1959
- Concurso de Túnez, Túnez / Tunis competition, Tunisia

1958
- Funda el / funds the GEAM, *Groupe d'étude d'architecture mobile*
- Cabinas del Sáhara / Sahara-Cabines
- *Bétonbloc* / Bétonbloc

1957/1958
- Bloques *à l'enjambée* / *À l'enjambée* Blocks

1956-1962
- Proyectos de *Villes Spatiales* / *Ville Spatiale* projects

1956
- Participa en el CIAM X, Dubrovnik, Croacia / He participates at the X CIAM, Dubrovnik, Croatia

1953
- Refugios cilíndricos / Cylindrical Shelters

1946
- Estudia en el Technion – Israel Institute of Technology de Haifa y vive durante 6 meses en un kibutz / He studies at the Technion – Israel Institute of Technology in Haifa and lives during 6 months in a kibbutz

1943
- Estudia arquitectura en la Budapest University of Technology and Economics, Budapest, Hungría / He studies architecture at the Budapest University of Technology and Economics, Budapest, Hungary

**SELECCIÓN DE
EXPOSICIONES
INDIVIDUALES**
SELECTED SOLO SHOWS

2011
- *Eckhard Schulze-Fielitz & Yona Friedman*, KUB-Kunsthaus, Bregenz, Austria / Bregenz, Austria
- *Métropole Europe / Europa Metrópolis*, Proyecto Vitrinas, MUSAC, León, España / León, Spain
- *Merz World: Yona Friedman & Tomas Saraceno*, Cabaret Voltaire, Zúrich, Suiza / Zurich, Switzerland
- 11ª Bienal de Lyon, Francia / 11th Lyon Biennale, France

2010
- Around the *Ville Spatiale*, Mala Galerija, Ljubljana, Eslovenia / Ljubljana, Slovenia
- *Métropole Europe et autres projets*, kamel mennour, París, Francia / Paris, France
- *Art Unlimited*, kamel mennour, Art Basel, Basel, Suiza / Basel, Switzerland
- *Merz Tier*, neugerriemschneider, Berlín, Alemania / Berlin, Germany
- *Des utopies réalisées*, Espace de l'Art Concret, Mouans-Sartoux, Francia / Mouans-Sartoux, France

2009
- *La Licorne Eiffel*, Centre International d'art et du paysage, isla de Vassivière, Francia / Vassivière Island, France
- *Improvisations*, Musée d'Art Moderne de la Ville de Paris / ARC, París, Francia / Paris, France
- *La création*, Centre d'art contemporain la Synagogue, Delme, France / Delme, France
- *Part 1: Autour de la Ville Spatiale (1957-1975)* & *Part 2 : Maquettes d'études*, kamel mennour, París, Francia / Paris, France
- *Cartoline Postali*, Galleria Massimo Minini, Brescia, Italia / Brescia, Italy

2008
- *Tu ferais ta ville*, Arc en rêve / Capc – Musée d'art contemporain, Burdeos, Francia / Bordeaux, France
- *Yona Friedman*, Portikus, Fráncfort, Alemamia / Frankfurt, Germany
- *Utopie réalisée*, Bund 18, Shanghái, China / Shanghai, China
- *Les ponts de Shanghai*, Musée des Beaux-arts, Burdeos, Francia / Bordeaux, France

2007
- *Dare to make your own exhibition*, CNEAI, Chatou, Francia / Chatou, France
- *Yona Friedman*, Musée d'art contemporain, Lyon, Francia / Lyon, France

2006
- *Utopías Realizables*, CAAC, Sevilla, España / Seville, Spain
- *On mobility*, De Appel, Ámsterdam, Países Bajos / Amsterdam, Netherlands

2005
- *Yona Friedman*, CCA, Kitakyushu, Japón / Kitakyushu, Japan
- *Yona Friedman*, Fondazione Bevilacqua La Masa, Venecia, Italia / Venice, Italy

2004
- *Une vie spatiale*, Aedes East Extension Pavillon, Berlín, Alemania / Berlin, Germany

2000
- *Architecture mobile*, Institut français d'architecture, París, Francia / Paris, France

1999
- *Structures serving the unpredictable*, NAI, Róterdam, Países Bajos / Rotterdam, Netherlands

1975
- *Une utopie réalisée*, Musée d'art moderne de la Ville de Paris/ARC, París, Francia / Paris, France

1966
- *Une ville spatiale*, Galerie J, París, Francia / Paris, France

**SELECCIÓN DE
EXPOSICIONES
COLECTIVAS**
SELECTED GROUP SHOWS

2010
- *Spatial City: An Architecture of Idealism*, Inova, Milwaukee, EE.UU. / Inova, Milwaukee, U.S.A.; Hyde Park Art Center, Chicago, EE.UU. / Chicago, U.S.A.; MOCAD, Detroit, EE.UU. / Detroit, U.S.A.

2009
- *Etc., Balkis Island*, junto con / with Jean-Baptiste Decavèle, Centre International d'art et du paysage, isla de Vassivière, Francia / Vassivière Island, France
- *Modernism as a ruin, an archaeology of the present*, Generali Foundation, Viena, Austria / Vienna, Austria
- *Fare mondi / Making worlds*, Arsenale, 53ª Bienal de Venecia, Italia / 53th Venice Biennale, Italy

2008
- *Manifesto Marathon*, Serpentine Gallery, Londres, Reino Unido / London, United Kingdom
- *Old Masters*, P74 Center and Gallery, Ljubljana, Eslovenia / Ljubljana, Slovenia
- *Peripheral vision and collective body*, MUSEION, Bolzano, Italia / Bolzano, Italy
- *Ambition d'art*, IAC – Institut d'art contemporain, Villeurbanne, Francia / Villeurbanne, France
- *Sueño de casa propia*, Casa del Lago, México D.F., México / Mexico City, Mexico; VIMCORSA, Córdoba, España / Córdoba, Spain

2007
- *Habitat / Variations*, BAC / CACG, CEC, Ginebra, Suiza / Geneva, Switzerland
- *Sueño de casa propia*, Casa Encendida, Madrid, España / Madrid, Spain
- *About Cities*, Drawing Center, Nueva York, EE.UU. / New York, U.S.A.
- *A project for Mart*, Museo di arte moderna e contemporanea di Trento e Rovereto, Rovereto, Italia / Rovereto, Italy

2006
- *On mobility*, De Appel, Ámsterdam, Países Bajos / Amsterdam, Netherlands
- *What is positive? Why?*, WUK, Kunsthalle Exnergasse, Viena, Austria / Vienna, Austria

2005
- *Disassembly*, Serpentine Gallery, Londres, Reino Unido / London, United Kingdom

2004
- *Archiskulptur*, Fondation Beyeler, Basel, Suiza / Basel, Switzerland

2003
- *Un-built Cities*, Bonner Kunstverein, Bonn, Alemania / Bonn, Germany
- 50ª Bienal de Venecia, Venecia, Italia / 50th Venice Biennale, Italy
- *Embellisez votre ville*, Nuit Blanche, París, Francia / Paris, France

2002
- 4ª Bienal de Shanghái, China / 4th Shanghai Biennale, China
- Documenta 11, Kassel, Alemania / Kassel, Germany

2001
- *The Short Century - Independence and Liberation Movements in Africa, 1945-1994*, Museum Villa Stuck, Múnich, Alemania / Munich, Germany; House of World Cultures, Berlín, Alemania / Berlin, Germany; P.S.1., Nueva York, EE.UU. / Nueva York, U.S.A.; Museum of Contemporary Art, Chicago, EE.UU. / Chicago, U.S.A.
- *Ville spatiale*, 1ª Trienal Yokohama, Tokio, Japón / 1st Yokohama Triennial, Tokyo, Japan

1998
- *Made in France*, Centre Pompidou, París, Francia / Paris, France; Solomon R. Guggenheim Museum, Nueva York, EE.UU. / New York, U.S.A.

**PUBLICACIONES SOBRE
YONA FRIEDMAN /**
PUBLICATIONS ON
YONA FRIEDMAN

2009
- AA.VV. *Yona Friedman*, CERIZZA
Luca y DANERI Annie (eds.),
Fondazione Antonio Ratti /
Charta, Milán

2008
- HENROT, Camille y FRIEDMAN,
Yona, *Camille Henrot /
Yona Friedman : Réception /
Transmission*, kamel mennour, París

2007
- OBRIST, Hans Ulrich. *Yona
Friedman. Hans Ulrich Obrist (The
Conversation Series Band 7)*,
Verlag der Buchhandlung Walther
König, Colonia
- BUSBEA, Larry, *Topologies. The
Urban Utopia in France, 1960-
1970*, The MIT Press, Cambridge

2006
- BASILICO, Gabriele, *Scattered
City*, Le Point du Jour, París

2005
- AA.VV. *Exit Utopia. Architectural
Provocations 1956-1976*, VAN
SCHAIK, Martin y MÁCEL, Otar
(eds.), Prestel, Múnich

1999
- LEBESQUE, Sabine y FENTENER
VAN VLISSINGEN, Helene,
*Yona Friedman: structures serving
the unpredictable*, NAI Publishers,
Róterdam

1993
- OCKMAN, Joan, *Architecture
Culture 1943-1968. A Documentary
Anthology*, Rizzoli, Nueva York

1976
- BANHAM, Reyner, *Megastructure.
Urban Futures of the Recent Past*,
Thames and Hudson, Londres

1966
- RAGON, Michel, *Les cités de
l'avenir*, Planète, París

1965
- AA.VV., *Les visionnaires de
l'architecture*, Laffont, París

1964
- RAGON, Michel, *L'urbanisme
et la cité*, Hachette, París

**PUBLICACIONES
DE YONA FRIEDMAN /**
YONA FRIEDMAN
PUBLICATIONS

2010
- FRIEDMAN, Yona y HOMIRIDIS, Marianne, *Yona Friedman : Dessins & Maquettes 1945-2010*, Les presses du réel / kamel mennour, París

2009
- *Manuels*, vol. III, CNEAI, Chatou
- *Films d'animation 1960-1963*, DVD, CNEAI, Chatou
- *Le Petit bestiaire*, CNEAI, Chatou
- *Etc. Balkis Island* (libro de artista con / artist's book with Jean-Baptiste Decavèle), Centre international d'art et du paysage, isla de Vassivière / Silvana editoriale, Milán

2008
- *Manuels*, vol. II, CNEAI, Chatou
- *L'ordre compliqué et autres fragments*, Éditions de l'éclat, París

2007
- *Manuels*, vol. I, CNEAI, Chatou

2006
- *Yona Friedman Pro domo*, ACTAR, Barcelona

2005
- *Cities* (libro de artista / artist's book), Center for contemporary art, Kitakyushu

2004
- *Vous avez un chien. C'est lui qui vous a choisi*, Éditions de l'éclat, París

2003
- *L'architecture de survie: Une philosophie de la pauvreté*, Éditions de l'éclat, París

2002
- *The «trompe l'œil» universe*, Center for contemporary art, Kitakyushu

2000
- *Utopies réalisables* (edición revisada y aumentada), Éditions de l'éclat, París
- *Les pictogrammes de la genèse*, Édition de l'éclat, París
- *Theorie et images*, IFA, París

1994
- *L'univers erratique: et si les lois de la nature ne suivaient aucune loi?*, Presses universitaires de France, París
- *Théorie et images*, Institut Français d'Architecture, París

1984
- *Community participation in the construction of educational buildings*, UNESCO, París

1982
- *Alternatives énergétiques ou la civilisation paysanne modernisée: pour une réelle économie des ressources, comment désindustrialiser l'énergie*, Dangles, Saint-Jean-de-Braye

1980
- *Où commence la ville?*, UNESCO, París
- *A better life in towns*, Consejo de Europa / Europe Council, Estrasburgo
- *About critical groupsize*, United Nations University, Tokio
- *Toward a scientific architecture*, The MIT Press, Cambridge
- *A better life in towns*, Consejo de Europa / Europe Council, Estrasburgo

1979
- *Établissements humains et environnement socio-culturel.*
- *La Région, qu'est-ce que c'est?*, UNESCO, París

1978
- *L'architecture de survie: où s'invente aujourd'hui le monde de demain?*, Casterman, Tournai-París

1977
- *Établissements humains et environnement socio-culturel.*
- *Où commence la ville?*, UNESCO, París
- *Utopías realizables*, Gustavo Gili, Barcelona

1976
- *Comment habiter la terre*, Ministère de la qualité de la vie, París
- *Utopies réalisables*, Union générale d'éditions, París

1975
- *It is your town - know how to protect it*, Consejo de Europa / Europe Council, Estrasburgo
- *Pictogrammes de la genèse*, Belfond, París

1974
- *Comment vivre entre les autres sans être esclave et sans être chef*, Jean-Jacques Pauvert, París

1973
- *Hacia una arquitectura científica*, Alianza Editorial, Madrid

1971
- *Pour une architecture scientifique*, P. Belfond, París

1970
- *L'architecture mobile, vers une cité conçue par ses habitants*, Casterman, Tournai-París

1969
- *La planification urbaine*, Centre d'Études Architecturales, Bruselas

1959
- *L'Architecture mobile: 10 principes d'urbanisme spatial*. Les presses du réel, París

1956
- *L'Architecture mobile* (manifiesto / manifesto), Yona Friedman, París

MARÍA INÉS RODRÍGUEZ
(Colombia)

Conservadora Jefe del MUSAC, Museo de Arte Contemporáneo de Castilla y León. Dirige la Colección Arte y Arquitectura AA MUSAC, creada en 2010 cuyo primer título, *Modernidad Tropical*, estuvo dedicado a Alexander Apóstol. Comisaria de las exposiciones Claire Fontaine y Yona Friedman así como de *CGEM: apuntes sobre la emancipación* y co-comisaria de *Modelos para armar, El Grito, Paisaje Múltiple* y *La Fuerza de la Palabra* realizadas para MUSAC. Durante 2008-2009 fue comisaria invitada de la programación Satellite en el Jeu de Paume de París, y editora del periódico *Point d'ironie*. Desde 2006 integra el Comité Curatorial de Artist Pension Trust Latino-América. Como comisaria independiente y crítica de arte ha trabajado en exposiciones y promovido proyectos en torno a las estrategias de apropiación del espacio público. Interesada en las ediciones impresas, ha organizado conferencias y exhibiciones relativas al tema, creando en 2005 las ediciones *Tropical Paper*.

KENNETH FRAMPTON
(Reino Unido)

Ware Professor of Achitecture en el GSAPP de Columbia University en Nueva York. Estudió arquitectura en la Architectural Association School of Architecture en Londres. Tras trabajar como arquitecto algunos años en el Reino Unido e Israel, fue editor de la revista británica *Architectural Design*. Ha sido profesor en varias instituciones importantes como el Royal College of Art en Londres, ETH en Zurich, EPFL en Lausanne, la Accademia di Architettura de Mendrisio, y el Berlage Institute en Holanda. Es autor de *Modern Architecture and the Critical Present* (1980), *Studies in Tectonic Culture* (1995), *American Masterworks* (1995), *Le Corbusier* (2001), *Labour, Work & Architecture* (2005), y una versión actualizada de *Modern Architecture: A Critical History* (2007).

MANUEL ORAZI
(Italia)

Doctor en Historia de la Arquitectura y las ciudades con una tesis sobre el trabajo de Yona Friedman. Actualmente es profesor de Teorías de la Arquitectura Contemporánea en la Escuela de Arquitectura y Diseño en Ascoli Piceno. Ha publicado ensayos sobre Peter Eisenman, Rem Koolhaas, Ugo de La Pietra, Gilles Clément y colabora con las revistas *Abitare, AMC* y *Log*. Recientemente, ha editado la nueva versión italiana de *Learning from Las Vegas* de R. Venturi, D. Scott Brown y S. Izenour. Es editor de la sección de libros de arquitectura en la editorial italiana Quodlibert.

HANS ULRICH OBRIST
(Suiza)

Co-director de la Serpentine Gallery en Londres. Anteriormente fue comisario del Musée d'Art Moderne de la Ville de Paris entre 2000 y 2006 y del Museum in progress en Vienna entre 1993 y 2000. Obrist ha comisariado más de 250 exposiciones desde su primera *Kitchen show (World Soup)* en 1991; *Take Me, I'm Yours*, 1995; Manifesta 1, 1996; *Laboratorium*, 1999; *Cities on the move*, 1997; *Live/Life*, 1996; Nuit Blanche, 1998; 1ª Bienal de Berlín, 1998; *Utopia Station*, 2003; 2ª Trienal de Guangzhou, 2005; 6ª Bienal de Dakar, 2004; 1ª y 2ª Bienales de Moscú, 2005 y 2007; 9ª Bienal de Lyon, 2007; 3ª Trienal de Yokohama, 2008 e *Indian Highway*, 2008-2011. El ciclo *Marathon*, incluyó el *Interview Marathon*, 2006, el *Experiment Marathon*, 2007, el *Manifesto Marathon*, 2008, el *Poetry Marathon*, 2009 y el *Map Marathon*, 2010. En marzo 2011, Hans Ulrich Obrist recibió el Bard College Award for Curatorial Excellence.

MARÍA INÉS RODRÍGUEZ
(Colombia)

MUSAC's Chief Curator, Museo de Arte Contemporáneo de Castilla y León. She directs the Collection Art and Architecture AA MUSAC, created in 2010, whose first title, *Tropical Modernity*, was devoted to Alexander Apóstol. She curated the exhibitions featuring Claire Fontaine and Yona Friedman, as well as *CGEM: Notes about Emancipation*, and she was co-curator of *Model Kits*, *The Cry*, *Multiple Landscape* and *The Power of Words* for MUSAC. During 2008-2009 she was guest curator of the Satellite programme at Jeu de Paume of Paris, and editor of the newspaper *Point d'ironie*. Since 2006 she has been a member of the Curatorial Committee of Artist Pension Trust Latin America. As an independent curator and art critic she has worked on exhibitions and promoted projects about strategies for the appropriation of public space. As she is interested in printed editions, she has organized conferences and exhibitions related to this topic, creating, in 2005, the *Tropical Paper* editions.

KENNETH FRAMPTON
(United Kingdom)

Ware Professor of Architecture at the GSAPP, Columbia University, New York. He was trained as an architect at the Architectural Association School of Architecture, London. After practicing for a number of years in the United Kingdom and in Israel, he served as the editor of the British magazine *Architectural Design*. He has taught at a number of leading institutions including the London Royal College of Art, the ETH in Zurich, EPFL in Lausanne, the Accademia di Architettura in Mendrisio, and the Berlage Institute in The Netherlands. He is the author of *Modern Architecture and the Critical Present* (1980), *Studies in Tectonic Culture* (1995), *American Masterworks* (1995), *Le Corbusier* (2001), *Labour, Work & Architecture* (2005), and an updated fourth edition of *Modern Architecture: A Critical History* (2007).

MANUEL ORAZI
(Italy)

PhD in History of Architecture and of Cities with a thesis on the work of Yona Friedman. He is currently teaching Theories of contemporary architecture in the School of Architecture and Design in Ascoli Piceno. He has published essays about Peter Eisenman, Rem Koolhaas, Ugo La Pietra, Gilles Clément and collaborates with the magazines *Abitare*, *AMC* and *Log*. He recently edited the new Italian edition of *Learning from Las Vegas* by R. Venturi, D. Scott Brown and S. Izenour. He works for the Italian publishing house Quodlibet where he is editor of the architecture books.

HANS ULRICH OBRIST
(Switzerland)

Co-director of the Serpentine Gallery in London. Prior to this he was Curator of the Musée d'Art Moderne de la Ville de Paris from 2000 to 2006, as well as curator of Museum in progress, Vienna, from 1993 to 2000. Obrist has curated over 250 exhibitions since his first exhibition, *Kitchen show (World Soup)* in 1991; *Take Me, I'm Yours*, 1995; Manifesta 1, 1996; *Laboratorium*, 1999; *Cities on the Move*, 1997; *Live/Life*, 1996; Nuit Blanche, 1998; 1st Berlin Biennale, 1998; *Utopia Station*, 2003; 2nd Guangzhou Triennale, 2005; 6th Dakar Biennale, 2004; 1st and 2nd Moscow Biennale, 2005, 2007; 9th Lyon Biennale, 2007; 3rd Yokohama Triennale, 2008 and *Indian Highway*, 2008-2011. The *Marathon* series included the *Interview Marathon*, 2006, the *Experiment Marathon*, 2007, the *Manifesto Marathon*, 2008, the *Poetry Marathon*, 2009 and the *Map Marathon,* 2010. In March 2011, Hans Ulrich Obrist was awarded the Bard College Award for Curatorial Excellence.

**JUNTA DE CASTILLA Y LEÓN
CONSEJERÍA DE
CULTURA Y TURISMO**

Consejera / Councillor
Dña. María José
Salgueiro Cortiñas

Secretario General /
General Secretary
D. José Rodríguez Sanz-Pastor

Viceconsejero de Cultura /
Vice-Councillor of Culture
D. Alberto Gutiérrez Alberca

**Director General de Patrimonio
Cultural /** General Director
of Cultural Heritage
D. Enrique Saiz Martín

**Directora General de Promoción
e Instituciones Culturales /**
General Director of Cultural
Promotion and Institutions
Dña. Luisa Herrero Cabrejas

**Director General Fundación
Siglo para las Artes de Castilla
y León /** General Director
of Fundación Siglo para las
Artes de Castilla y León
D. José Luis Fernández de Dios

**MUSAC
Museo de Arte Contemporáneo
de Castilla y León**

Director / Director
Agustín Pérez Rubio

Conservadora Jefe /
Chief Curator
María Inés Rodríguez

Comisario Externo/
Curator at Large
Octavio Zaya

Coordinadora General /
General Coordinator
Kristine Guzmán

Coordinación / Coordination
Eneas Bernal
Cynthia González García
Helena López Camacho
Carlos Ordás

Técnico Administrativo /
Administration Manager
Bruno Fernández Blanco

Administración / Administration
Adriana Aguado García

Registro / Registrar
Koré Escobar

Restauración / Restoration
Albayalde S.L.

Comunicación y Prensa /
Press and Communication
La Comunicateca S.C.

**Biblioteca-Centro de
Documentación /** Library
and Documentation Center
Araceli Corbo

Educación y Acción Cultural /
Education and Cultural Action
Belén Sola
ANDO C.B.

Mantenimiento / Maintenance
Mariano Javier Román
Elecnor S.A.

Servicios Auxiliares /
Supporting Services
DALSER S.L.

Comité asesor /
Advisor Comittee
D. Agustín Pérez Rubio
Dña. María Inés Rodríguez
D. Octavio Zaya
Dña. Estrella de Diego
D. José Guirao Cabrera
D. Javier Hernando
D. Víctor del Río

COLECCIÓN
ARTE Y ARQUITECTURA
AA MUSAC

Directora de la colección /
Director of the collection
María Inés Rodríguez

**ARQUITECTURA CON LA
GENTE, POR LA GENTE, PARA
LA GENTE. YONA FRIEDMAN**
/ ARCHITECTURE WITH THE
PEOPLE, BY THE PEOPLE, FOR
THE PEOPLE. YONA FRIEDMAN

Editada / Published by
MUSAC / Actar

Editor / Editor
María Inés Rodríguez

Coordinación editorial /
Editorial Coordination
Cynthia González García
Edwige Baron

Diseño / Design
David C. Johannet, Michel Mallard,
Michel Mallard Studio, París

Textos / Texts
Kenneth Frampton
Yona Friedman
Hans Ulrich Obrist
Manuel Orazi
María Inés Rodríguez

Traducción / Translation
Dena Cowan
Catalina Lozano
Charles Penwarden
Milena Ibro
Moisés Puente

Edición y corrección de textos /
Editing and proofreading
Natasha Edwards
María Virginia Jaua
Bernardo Ortiz

Producción / Production
ActarBirkhäuserPro

Agradecimientos /
Acknowledgements

MUSAC y Yona Friedman agradecen
la colaboración de Marianne
Homiridis, kamel mennour,
Jean-Baptiste Decavèle, Fréderic
Legros, así como de los autores.
María Inés Rodríguez, agradece
particularmente a Yona Friedman,
por su generosidad y dedicación
en la realización de esta
publicación y al "grupo crítico"
(autores, diseñadores, traductores,
correctores y coordinadoras)
que se formó alrededor de este
proyecto, haciéndolo realidad /
MUSAC and Yona Friedman would
like to thank Marianne Homiridis,
kamel mennour, Jean-Baptiste
Decavèle, Fréderic Legros
and the authors.
María Inés Rodríguez would
like to particularly thank Yona
Friedman for his generosity and
dedication in the development
and completion of this publication
and the "critical group"
(authors, designers, translators,
proofreaders and coordinators)
gathered around this project,
making it possible.

MUSAC
Museo de Arte Contemporáneo
de Castilla y León
Avda. Reyes Leoneses, 24. 24008
León (España)
T. +34 987 09 00 00
F. +34 987 09 11 11
www.musac.es

ACTAR
Part of ActarBirkhäuser
Barcelona/New York
T. +34 934 187 759
F. +34 934 186 707
www.actar.com

Todos los derechos reservados /
All rights reserved
© de la edición / of the edition
MUSAC / ACTAR
© de los textos, sus autores /
of the texts, their authors
© de las imágenes, sus autores /
of the images, their authors

ISBN (ACTAR)
978-84-92861-94-1

Depósito Legal /
Legal Deposit
B-22046-2011

Distribución /
Distribution

ActarBirkhäuserD
Barcelona - Basel - New York
www.actarbirkhauser.com

Roca i Batlle 2
E-08023 Barcelona
T +34 93 417 49 43
F +34 93 418 67 07
salesbarcelona@actarbirkhasuser.com

Viaduktstrasse 42
CH-4051 Basel
T +41 61 5689 800
F +41 61 5689 899
salesbasel@actarbirkhasuser.com

151 Grand Street, 5th floor
New York, NY 10013, USA
T +1 212 966 2207
F +1 212 966 2214
salesnewyork@actarbirkhasuser.com

Junta de Castilla y León
Consejería de Cultura y Turismo
Fundación Siglo para las Artes de Castilla y León

MUSAC
Museo de
Arte Contemporáneo
de Castilla y León

ACTAR